實戰智慧館 465

巴菲特勝券在握的12個原則

The Warren Buffett Way 2nd Edition

羅伯特・海格斯壯（Robert G. Hagstrom）著
樂為良 譯

新版推薦序

當機會來臨時的致勝之道

Jay Chiao（JC 趨勢財經觀點版主）

初進投資市場時，羅伯特．海格斯壯（Robert G. Hagstrom）的著作是我最早接觸華倫．巴菲特（Warren Buffett）投資方法的幾本書，當時就非常喜歡這個系列的三部作品。直到今日，因遠流出版公司重新出版此書而重讀，仍覺得這本書是投資人必讀的書籍之一。

在市場中，許多人研究巴菲特的投資方法，希望藉由仿照巴菲特投資模式成功致富。但是，又有多少人真正了解巴菲特？海格斯壯在職業生涯開始之初接觸到巴菲特，並將巴菲特的投資哲學奉為圭臬，貫徹執行，獲利頗豐。多年之後，更將其對巴菲特的深刻觀察與精準見解，匯集成書公開分享，讓我們可以更了解巴菲特在每一個階段的決策背景，並且實際應用在自身的投資決策當中。

巴菲特投資最重要的十二個原則可以分為四個大方向，包含事業守則、管理團隊守則、財務守則與價值守則。如何找到一流的公司？條件包括可理解的產業、有長期獲利紀錄、資產回報率高卻負債少。也需考慮公司是否擁有正直優秀的經營者，為公司的長遠利益著想，並擁有完善的資本配置，最後的關鍵則是吸引人的價格。符合上述所有條件的企業想必少之又少，所以當機會來臨之時，抓緊機會集中投資，把賭注押在可能性高的事情上（機會好時，加大賭注），還必須富有耐心，坦然面對股價的波動，便是致勝之道。

除了巴菲特高超的選股技巧外，我們更應該學習的是巴菲特面對投資的態度。一般投資人把市場當做賭場，用娛樂的態度來面對投資，用賭博的方式來進行投資決策；但巴菲特將投資當做事業，即便成就已無人能及，他也不以因而自滿。自早期師從班傑明・葛拉漢（Benjamin Graham）謹守「安全邊際」開始，到後來菲利普・費雪（Philip Fisher）尋找「非常潛力股」、約翰・伯爾・威廉斯（John Burr Williams）的「股息折現模式」，幾十年的最佳拍檔查理・蒙格（Charlie Munger）告訴巴菲特「以合理價格買進好公司」，更奠定了巴菲特往後的投資風格。自這些大師級人物獲得的智慧，對於巴菲特的投資哲學有深遠的影響，他不故步自封，反而集眾家大成，塑造獨特的投資原則，創造屬於他個人的成功典範。

近幾年的市場變化與過去不同，大盤指數的持續上漲，使得FANG（Facebook、Amazon、Netflix、Google）等科技股被視為永不停歇的成長股，擁有重資產的傳統產業則遭到冷落。巴菲特早期偏好的股票，今日看起來似乎較不受市場青睞。而他在這幾年大舉買入蘋果公司的股票更令人訝異，因為過去他幾乎未曾持有產業變化快速、難以理解的科技股，使投資人質疑傳統的價值投資是否已不再適用。不過，事實真是如此嗎？

在我看來，我是認同本書作者海格斯壯的看法：「難以預測」並非「無法分析」。優異的績效源於對企業的全面理解，即便經濟環境不斷改變、產業變遷、企業更迭，但投資的原則不會改變，「關注基本面」才是長期投資的不二之法。持續閱讀與學習，擴大自己的能力圈，不論是分析哪一種產業，都把每家公司當作自己的事業，以經營者的角度評估公司的未來發展，估算企業的價值。唯有在具有安全邊際、當回報遠大於風險時才投入，一樣可以獲得滿意的報酬，否則寧缺勿濫。

想一想，這些偉大的投資者就像金庸小說中的主角們，而巴菲特如同《射鵰英雄傳》中的郭靖，除了性格謙遜敦厚、俠義愛國與樂於分享外，更將洪七公的一套降龍十八掌打到爐火純青，面對各種情境皆可使出克敵之招。在投資市場中，巴菲特善用價值投資之法，不論股票、債券或任何商品，都用相同的標準來進行決策。他的目標是將資金進行最有利的配置，將波克夏的年化報酬最大化，除此之外，剩餘的皆是達成目標的方法。

又或是像《倚天屠龍記》中的張無忌，習得師公張三豐傳授的太極拳後功力大進。不過要知道在此之前，張無忌已是內力深厚的頂尖高手，才能快速領悟太極拳的要領：以慢打快，以靜制動。投資若以此為核心，則可稱為至高境界，更能保持彈性、順應環境的變化，做出對當下最有利的決策。

《巴菲特勝券在握的12個原則》這本書就如同武功祕笈，人人得而修習之，但最後一步是將所學化為無形，內建於心，並且日日潛心修練，方可登峰造極。投資亦是如此，讀完本書，你將獲得投資中最歷久不衰的原則，但是千萬不要將自己侷限在規則當中，而是應該學會規則、適應規則，最後突破規則，找出自己的投資原則。

新版推薦序

記下這十二條原則，試著解釋給你的投資朋友們

雷浩斯（價值投資者、財經作家）

羅伯特．海格斯壯所著作的「勝券在握」系列，是最早且最知名的巴菲特選股著作之一，共計有三個版本，本書為第三版。海格斯壯的驚人貢獻在於他花費多年閱讀波克夏哈薩威（Berkshire Hathaway，也簡稱為波克夏）歷年年報，並且從中抽絲剝繭、整理出巴菲特投資的十二項原則，形成一個探討巴菲特投資法的SOP。

雖然「勝券在握」有不同的版本，但是書中列出的十二個原則始終沒有改變，當然，巴菲特也從未改變原則。

這十二項原則中，首先探討的是公司本身事業守則第一項：「這間公司是否簡單易懂？」簡單易懂四個字代表價值投資的重要觀念「能力圈」，這邊指的不僅僅是這間公司是否進入投資人的能力圈，更代表的公司是否釐清自己的能力圈。釐清能力圈的公司能致力本業，避免巴菲特口中的多慘化經營，形成一種「簡單易懂」的感覺。

接著探討的是「這間公司是否有一貫的營運紀錄？」，這個問題是為了避免過去買「雪茄頭」（cigar-butt）的錯誤。雪茄頭投資法的缺點在於重整耗時，而且還不見得會成功，巴菲特致力於自我改善，儘管這些他口中的錯誤都帶來驚人的報酬率，他仍追求卓越，也購買和他一樣追求卓越的公司。

卓越的公司，代表著獲利豐厚，也代表想來分一杯羹的人不少，因此下個問題是：「這項事業的長期遠景是否看好？」也就是問這間公司是否具備「護城河」。

護城河是可持久的競爭優勢，讓公司能抵禦外在競爭者的攻擊，同時降低對單一執行長的依賴度，提高永續經營的能力。但這不代表管理團隊不重要，因為接下來三項守則就是分析管理團隊。

管理階層是公司資產的保管者和運用者，真正優越的管理階層一定是理性用錢的人，所以管理團隊守則第一條是：「管理團隊是否理性？」

如何確認他們理性？你要了解他們的資本配置。資本配置有五種：投資現有事業的資本支出、收購其他事業、還清負債、發放股息和實施庫藏股。無論是哪種方式，能讓管理階層確認當下的決策對股東的幫助最大，才具備理性原則。

另一個和理性一樣不可或缺的就是「管理階層是否坦白對待股東？」。管理階層是股東資產的守護者，如果這些人不誠實，那就有很大的機率會往自己利益輸送；探查一個人誠實與否的方法，就是看他是不是個坦承、直來直往的人。如果在公司面臨困境或難堪的時候都願意直接面對，這些通常都是誠實的信號。

最後一個管理階層守則就是：「管理團隊能否獨排眾議？」很多人都知道，保險業具備的浮存金（float）是巴菲特的投資利器，那麼其他保險公司為什麼不運用？答案是大多數的公司為了搶市占率，甚至願意賣出賠錢的保單，一旦保單賠錢，等同沒有浮存金。

巴菲特對這個現象說：「很多公司會如此，是因為其他人都這樣做（賣賠錢保單），所以我們也這樣做。」但是管理良好的團隊能獨排眾議，不會受到競爭對手的影響，也因此波克夏總是能維持保險業的利潤，同時拿到浮存金。

前六點是質化分析，接著就是四點財務量化分析，巴菲特最知名的兩個財務指標就是「股東權益報酬率」（ROE）和「業主盈餘」，這兩者代表運用資金的效率和產生的自由現金流。巴菲特喜歡業主盈餘高的公司，當他收購這些公司的時候，自由現金流都會繳回總部，讓巴菲特有更多的資金可以投資。

巴菲特更喜歡高ROE搭配高獲利率的公司，這類公司如時思糖果（See's Candy）一樣有定價力，而且嚴控成本，讓競爭對手難以入侵。而「一美元原則」代表保留盈餘應用的成果，良好的公司能因此提高股價，讓股東得到應有的獲利。

前述十項分析結束後，最終才是估價。估價只有兩個原則：公司值多少錢，是否有安全邊際？

我們從這些原則比重可以知道，對巴菲特而言，找好公司比估價精準更重要。當尋找的標的正確，那麼買賣成功的機率就更高。

既然是好公司，為什麼股價會便宜呢？原因在於人性之中會對股價上漲反應不及，對股價下跌反應過度。情緒具備渲染力，一但情緒渲染之後，理性就失去功能。所以獨立思考，避免理性受到影響，是價值投資人必做的修練。巴菲特說：「投資和智商無關，和性格有關。」理性就是巴菲特最大的力量之一。

海格斯壯在本書中說，他想證實的點就是巴菲特所說的：「我做的並沒有超出一般人的能力範圍，想要有不平凡的成果，不見得要做不平凡的事情。」那麼我們這些一般人該如何開始呢？我認為最簡單的方法就是寫下這十二條原則，試著向你的投資朋友們解釋這些原則；當你能清楚地說明這些概念之後，成功就離你不遠了。

導讀推薦

價值投資的真價值

陳忠慶（前群益投信總經理、中國多家基金公司顧問）

羅伯特．海格斯壯撰寫的《勝券在握》（*The Warren Buffett Way*）（二〇一一年改版後，更名為《值得長抱的股票 巴菲特是這麼挑的》）中譯本於一九九六年五月在台出版，當時我應邀為這本書做審訂並撰寫導讀，正值我暫時離開金融投資界，因此有足夠時間可以仔細研讀有關舉世稱譽的投資贏家華倫．巴菲特成功投資的種種事蹟，以及他所秉持的投資策略。那時我對巴菲特不僅感到折服與讚嘆，當然也從該書受益良多，大有收穫。

有趣的是，我當時和別人談起巴菲特的投資法時，知道有這麼一號投資怪傑的人居然寥寥無幾。不過隨著中文版的出版，媒體上有關巴菲特的報導不斷增多，到後來，談巴菲特也像趕流行似的，在金融投資圈幾乎人人都可以談上一些有關他的種種，有人還拿他與曾經頗為風行的「價值投資」畫上等號。

在此同時，有關巴菲特其人其事、相關投資法、投資策略的書刊也像趕熱潮、搭便車似地大量出籠、充斥書市。這股風潮甚至席捲中國大陸，巴菲特在大陸已被視為「價值投資之父」，價值投資法也成為過往大陸低迷股市的重要出路。

所以我覺得，華文世界在認識巴菲特、師法巴菲特，甚至崇拜巴菲特的過程中，《值得長抱的股票 巴菲特是這麼挑的》一書應有開風氣之先之功。本書的初版已經為巴菲特的投資策略所締造的成功做了種種見證：從他創立合夥投資事業，到實際參與企業經營，再到以他的投資考慮、原則及策略在市場中精挑細選有獲利能力，可以為他帶來豐厚利潤的上市上櫃公司投資，為他個人及投資人（即他所領導的波克夏公司的股東）帶來可觀的財富，都做了詳細地描述。

同時，《值得長抱的股票 巴菲特是這麼挑的》還根據巴菲特過去的投資案例，歸納出他作為決策依據的投資基本原則（作者稱為「巴菲特投資法」），指出任何人都可以按照這些原則進行成功的投資。

這些原則在新版的《巴菲特勝券在握的12個原則》中仍然保留（見第四章末），而且更有系統的把四類原則（事業守則、管理守則、財務守則、價值守則，共計十二個原則）分別闢為專章，以更新的實際案例詳細闡述，更方便讀者了解與學習。

談到學習，我想指出，過去有一段時期國內的金融投資圈（尤其是我所服務的基金管理業）有不少人把巴菲特投資法奉為圭臬，言必稱巴菲特；到二〇〇四年為止，巴菲特和他的價值投資還是大陸金融投資界的顯學。

不過，後來價值投資似乎光采已失。以國內基金業來說，一方面強調價值投資的共同基金還是無法擺脫市場行情起伏的牽制，創造出如同巴菲特的輝煌投資成效；另方面基金管理人縱然想師法巴菲特，也常因個人因素難以盡得精髓，為基金創造好成績，讓投資人有滿意的獲利。漸漸的，價值投資在基金管理這個領域就慢慢失去注目。

有趣的是，本書作者海格斯壯也有過這樣的經驗。他本身也在金融投資界工作，在本書後記中，他指出由於工作的關係，他開始研究巴菲特的投資法，幾年下來，「我的投資事業聲名卓著，由於奉行巴菲特的教誨並跟著他選股，我替客戶賺錢的時候多於讓他們賠錢。」

這樣的成績讓他想從證券經紀人提升為基金經理人，管理較大較完整的基金投資組合。這兩者的差別是：作為經紀人，服務的對象是個別的客戶，只要能建議客戶買賣幾支股票（或債券、基金及其他投資標的），讓客戶賺錢，也為公司（所服務的證券公司）及自己賺到佣金，就算是工作稱職。但成為基金經理人，面對的是許多的基金投資人，要拿出的績效是能夠擊敗股市，贏過大盤。

海格斯壯的基金在一九九五年四月如願成立，「以研讀巴菲特十年之功，外加數年管理投資組合的經驗，我覺得我們足以讓客戶的獲利回報高於平均。」但事與願違，他操作的基金連續兩年的投資績效都不怎麼樣。

怎麼回事呢？巴菲特投資法不管用、不靈光了嗎？海格斯壯檢討，他為基金買的股票多半是「波克夏型」的股票，像報紙、飲料公司、非耐久消費性事業、金融服務公司，也就是有許多是巴菲特已經買的股票。

問題是，巴菲特在一九八〇年代買的股票到九〇年代已有了變化，「許多公司在八〇年的盈餘持續有兩位數字成長，到了九〇年代末卻只剩下個位數的成長……當一家公司成長腳步放慢後，內在價值的折扣就小了，想再靠投資它而獲得超過平均水準的大幅獲利，可能沒機會了。」

還有，海格斯壯也發現，在基金所持有的公司成長趨緩的同時，諸如電信、軟體以及網路服務等科技類公司卻快速成長。由於這類股票都不在基金投資組合之內，基金的表現當然就不如依恃科技股快漲動力而同步漲升的整體股市。

海格斯壯需要做的調整，就是也跨入以科技類股為主的新經濟領域，他相信巴菲特那一套應用在新產業也會有效。一九九八年，他將基金納入李格梅森資本管理公司（Legg Mason Capital Management），以巴菲特投資法介入科技類股，基金績效果然好了起來。

海格斯壯指出，「好成績並非是因為改變了想法與做法，而是將想法用於更廣泛的股票標的。」他同時指出，多年來已有許多巴菲特投資法的信徒，將這些投資原則應用於不同的投資領域，有些績效卓著的投資人買的是「非波克夏」的股票，也有人買小型股，還有人把巴菲特的方法用在國際市場買海外股票。他認為，「巴菲特投資法適用所有的事業，不論是哪一產業，不管市值大小或設在哪裡的公司。」

根據海格斯壯的這段經歷，我們來看看國內價值投資型基金面對的是什麼問題。國內價值投資被喊得喧天價響時，正是股市低迷，所謂傳統產業股慘跌，淪為「雞蛋股」、「水餃股」的慘淡時期（二〇〇〇年至二〇〇一年）。當時由證券主管機關主導，由基金公司陸續推出投資於有較多資產（包括土地資產）的傳統產業基金，都紛紛標榜是價值型基金，巴菲特的價值投資法於是也被奉為圭臬，風行一時。

問題是，這些有資產卻無經營績效的傳產股公司，絕不能完全通過巴菲特投資法十二原則的考驗，股價當然也無法有好表現，連帶也使得這類基金操作績效不彰，結果是業者悄悄地拿下價值投資標籤，投資人也對價值投資失去信心。

我們再來看對岸的大陸股市和基金管理的情況。金融投資圈和相關媒體高喊價值投資，推崇巴菲特之時，除了有部分崇洋心態外，當時大陸股市正經歷行情逐年下滑，但本益比又偏高，被人（尤其是外資）視為股價高估，喊出價值投資，多少是想點出大陸的上市公司具有真正的投資價值，如果以價值投資法檢視，應該還是值得投資。

實際的情況是，這類公司不是沒有，但不多，而且也沒有人真正以巴菲特投資法把這類公司找出來。隨著大陸股市因為種種問題不斷出現，加上其他政策因素，市場行情仍然持續下滑，價值投資也漸漸少被強調。

看來兩岸的所謂價值投資似乎都沒有真正受惠於巴菲特的價值投資法，至少沒有明顯表現在實際的投資成效上。為什麼會這樣呢？是巴菲特投資法在這兩個地方不管用嗎？還是有其他原因？

根據我的了解，如果你去問個別的資產管理從業人員（包括研究員、基金經理人等），巴菲特那一套對他們到底有沒有用或有沒有幫助，絕大多數人會表示有用、有幫助，甚至學到很多，對工作上的專業絕對是加分。

那為什麼無法在工作績效上表現出來呢？我覺得這種情況和海格斯壯很像。以國內的價值投資型基金來說，一開始就定位為投資資產較多的傳統產業（也稱為資產股），並視這些資產（尤其是土地資產）為內含價值的主要來源，這和海格斯壯開始時還是以傳統產業為持股重心很像。更糟糕的是，國內很多資產股之所以淪為「雞蛋股」、「水餃股」，是因為經營績效甚差，根本不具備投資價值。勉強投資這類股票，基金績效不佳可想而知。

要擺脫這種困境，就要學習海格斯壯，調整基金定位，也調整投資標的，真正以巴菲特投資法的十二原則去檢驗所有類股，包括科技類股，做到真正的價值投資。

還有，這些資產管理從業人員最好也要擺脫選擇性學習的心態，徹底了解巴菲特投資法，並妥善應用，才可能真正對自己的投資操作有幫助。據我了解，有些人雖景仰、推崇巴菲特，也覺得巴菲特投資法值得學習一番，雖然也會覺得學到了東西，對自己有幫助，但在工作上或操作績效上的幫助終究還是有限。

不要忘了，連海格斯壯這種長期研究巴菲特並整理出巴菲特投資法的人，在師法巴菲特投資時都會有失手的時候，更何況是我們。

所以學習巴菲特，就要深入、反覆地學。這次我詳細研讀《巴菲特勝券在握的12個原則》，覺得他的架構編排以及內容的調整更具參考性，可以讓讀者更容易循序漸進地進入狀況，更有助於學習。例如，本書前三章先讓讀者清楚地認識和了解巴菲特這個人，他在投資專業方面的師承及影響他的人（如葛拉漢、費雪、威廉斯、蒙格等），以及他如何開創投資事業的過程。

在第四章，作者指出一個巴菲特十分重視的投資理念，那就是「投資就是買事業」，並不只是買股票，不能只是注意股價的漲跌。既然是買事業，就要挑選能永續經營持續為股東創造利潤的企業，於是巴菲特著名的投資策略十二原則就派上用場了。

接下來四章，海格斯壯以案例就事業守則、管理團隊守則、財務守則及價值守則等四類守則所涵蓋的十二原則做實際應用的詳細解析，也是學習巴菲特投資法最好的教材。

此外，作者也在書中提醒讀者，除了買股票做股東或買下事業介入經營，巴菲特也投資債券、可轉換優先股之類的固定收益證券，而且是巴菲特投資組合中相當重要的一部分。作者特別指出，巴菲特進行這類投資，在挑選投資標的時運用的決策依據，和買股票、買下整個事業體沒有兩樣，仍然是那十二個原則，以確保安全空間及獲利空間，因此這類投資同樣也是成功地為他獲取可觀的利潤，這樣的投資運作當然也值得學習。

另外值得一提的是，這個版本針對巴菲特主張不過度分散投資，只集中投資於較少但可以了解、掌握的企業，特別闢專章加以闡述；海格斯壯並以人會受情緒及不理性影響，進而左右投資的成敗為重點，分別在兩個專章中詳細分析，也襯托出巴菲特在投資時的冷靜與理性，這些都值得我們學習。

整體而言，在有關巴菲特的書刊已經充斥書市的現在，要論可以真實地認識、了解巴菲特，並且有效地學習巴氏投資法、投資策略的精髓，本書仍是最好的一本書，只要願意反覆研讀、深入鑽研，必定會有大收穫。

然後，我們就可以運用巴菲特的投資策略進行投資，就像我經常強調的，步驟一，不理會股票市場每日的漲跌；步驟二，不擔心經濟情勢；步驟三，買下一家公司，而不是股票；步驟四，管理好投資組合。

根據前兩個步驟，我們就不必去做短線進出，因為「股票市場是狂歡與抑鬱交替發作的場所」（有如人得了躁鬱症），注意股市的目的，只是想確定：「有沒有人最近做了蠢事，讓我有機會用不錯的價格購買一家好的企業？」

而根據步驟三，我們要和巴菲特一樣，不論是否參與經營，都要在意企業的營運績效、獲利能力、實質價值，以及能否以好的價錢（低於企業實際價值的價格）買進。

再根據步驟四，我們要重視所投資企業的長期獲利，不會在股價有所變動時，將手中的持股（投資組合）隨著差價的高低，任意拋售。

這四個步驟有一個共通點，那就是以「企業主」的立場、心態進行投資。對只是投資股票的個人或資產管理人（例如基金經理人）來說，這樣的投資策略可以幫助他們挑選到貨真價廉的投資標的。對企業經營者來說，則可以在擴展經營版圖時，以這樣的策略走得更穩健踏實，值得國內的財團經營者參考。

談到這，我想引用美國《富比士》（*Forbes*）雜誌對本書初版《值得長抱的股票 巴菲特是這麼挑的》的讚譽：「這真的是最重要的一本談股票新書……如果你認為有關巴菲特的事你都知道了，本書可以讓你學習的可多了。」至於《巴菲特勝券在握的12個原則》，我認為仍然像第一版一樣精彩、實用，加上篇章架構的調整和內容的更新，無可置疑，變得更好閱讀，更容易學習。

我還是想再強調，本書值得反覆再讀，用以汲取巴菲特投資策略的精髓，也對想在投資市場中長期獲利的讀者，必能帶來許多幫助。

譯序 從「矇到」學成「真懂」的投資修行

樂為良（本書譯者）

接手譯《巴菲特勝券在握的12個原則》前，我自認有足夠的財經知識。因為我譯了二十本相關領域的書，又在財經新聞台處理類似的新聞，因此從不聽所謂專家的意見。但在逐字推敲的譯書過程中，我方知巴菲特看似簡單，實際卻高深的投資方法確有獨到之處，而我斷斷續續自修來的功夫，其實一直未打通任督二脈。

譯書過程孤獨而漫長，這段時間自己就像個懂招式但沒內功的習武者，忽然撿到一本類似《達摩心經》的祕笈，就這麼閉門修練了幾個月。我不清楚二脈是否已通，但至少我比過去耳聰目明，想與讀者分享前後的差別，以及實際的投資績效。

數年前我做過幾次投資，獲利都以倍計，不是高明而是就像初打麻將的人都會贏錢，是糊裡糊塗發了筆小財。現在拿那兩次經驗與巴菲特手法印證，竟然不謀而合。

本書列出巴菲特的十二項準則，其中有謹慎出手、有好機會就大筆買進，買了就放著，同時別去管市場的波動等。我在一九九七年東南亞金融風暴時買進兩支日本基金，之後工作忙碌就沒去管它們，三年之後，我發現日經二二五指數漲了一萬點，兩支基金淨值各漲了五倍與六倍，就獲利了結。這整個經過是全憑直覺，未做任何研究。

在這事的前兩年，也就是一九九五年，美國經濟萎縮，房地產重挫，到處可見賣房廣告，全美房價最高的史丹佛大學所在地帕羅奧圖（Palo Alto）也難逃一劫。我正好去旅遊，見狀就在貼著帕羅奧托的山景城（Mountain View）買了間小店鋪，投資兼收租金。沒多久全球掀起所謂的「新經濟」浪潮，網路重鎮的舊金山南灣房價飛漲。二〇〇〇年我再度赴美時（幾乎年年去），發現已漲了幾倍，我也見好就收。一筆交易讓我幾年可以不用工作。

聽起來好像很神很準，其實是矇到，因為如果我真行，應該能屢創佳績，但之後我連續錯過大好機會，即使進場也都鎩羽而歸。沒有足夠的績效肯定自己懂投資，但我又不知道問題出在哪，直到譯了這本書。

本書讓我明白，投資非常專業，不是道聽塗說也不是自以為是，而是你必須真懂，才能長期致勝。未經研究或掌握資訊下的投資與賭博無異。巴菲特不認為誰能掌握趨勢，他連經濟大師的趨勢分析都嗤之以鼻，而我竟然憑著兩次僥倖，竟以為投資就是看趨勢，更蠢的是以為自己掌握了趨勢。沒錯，經濟會循環，但誰能事前知道何時衰退真的來了，何時開始復甦？事後之明沒意義，而就算某人一次料對了，又豈能次次預知？簡單說，趨勢沒有模式，誰說他是趨勢大師就是術士。

趨勢不存在，巴菲特認為唯一可靠的就是基本面。公司的核心產品、營收、獲利、經營團隊的能力與品德、處理現金的能力等，只有項項都過關，他才考慮買進。別急，那只是考慮；實際的行動還要看價格，為了避險，他堅持要以折扣價買進。當所有條件符合，他才大筆買進，可以一次投入總資產的五分之一。因為買的股票公司穩當、價位又低，當然可以不用整天盯著大盤看，而一抱數年。

在譯書前，我從不做這方面的研究，其結果當然是買什麼賠什麼，所幸金額都不高。也就是說你把投資當賭博，一定是偶贏常輸，這個道理大家都懂，為什麼人人都犯同樣的錯誤呢？我在書中找到答案，原來就是我們進場不謹慎，自然心浮氣躁、天天盯著大盤看，然後再聽了那些胡吹亂蓋人的話，即使買到好股票，也不會抱久，小賺一點就跑，再進場就慘敗，沒辦法，機率就是如此。

連敗幾場後，曾經信心十足的我如鬥敗公雞，數年不敢投資；也因為不再自認懂投資，所以二〇〇二年秋到大陸看房地產市場時，錯過大好機會。例如上海徐家匯某大樓一平方米（三分之一坪）當時只要價七千六百人民幣（三萬台幣），我猶豫不決，結果被人買走，後來一平方米一萬八。我知道這是個好地段、是個好價錢，但我已沒有十年前在美國買房子那種初生之犢的勇氣。簡單地說，在兩次投資出擊成功後，接著就是賠錢或錯失良機，除了極低的利息，別無斬獲。

譯書讓我有機會透徹了解巴菲特的門道，不再害怕投資，重回股市一試。我左看右看，當時認為一股台幣四十六．七元的台積電符合買進的條件，本該學巴菲特，放它幾年再說，但我做不到，還是天天看大盤，讓價格起伏擾亂了原本的想法（巴菲特再三告誡不可如此），四十八元就賣了，結果它一口氣漲到五十六．七元，我很懊惱也覺得對不起本書作者。

我決定再試一次，選了支能源股，進場價格也可以，並打定主意不看大盤，再加上出國把它忘了。那時（二〇〇五年五月底）的加權指數比我進場時跌了幾百點，但它的價格還比當時高了幾毛。老實說，我戒不掉每天看一下收盤價，說不定哪天又不聽他老人家之勸，小賺就跑。不過也由此我更加明白，巴菲特的投資準則看來容易，實際上少有人能全部做到。

我因為不再害怕投資，所以重新再買基金，不甘於賺那一年一%到一．五%的定存利息吧。我把三分之一的現金買了穩健型的債券基金，年獲利在五%到八%之間，另外小撥了兩萬美元買風險型的股票基金，果然上下震盪，獲利一年內最高是二〇%多，最低不到三%。與過去不同的是，此刻投資心情篤定，因為我很清楚自己在做什麼，不像過去是在不明的情況下進場賭博，很容易被嚇出場。現在我比較不受短期波動影響，否則我可能早已認賠出場。這點真的要感謝本書作者。

最後，我想與讀者分享的是，如果你有意投資但尚未進場，那麼認真讀完這本書再說，你是屬於幸運的一群，因為你已贏在起跑點；已經投資的讀者，閱讀中不斷拿巴菲特的做法與自己比較，你自然會知道犯了什麼錯。投資的機會永遠在那兒，本書沒法告訴你買哪一支股票或買債券比買房地產好，但讀完你必然會對投資有正確的認識，不會害怕投資也不會貿然行動。做對進場的決定，一定不賠，獲利多少就各憑本事和智慧了，這是我個人的心得，希望每位讀者也都有所收穫。

巴菲特**勝券在握**的12個原則

目錄

前言
歷久彌新的巴菲特投資原則

比爾・米勒（前李格梅森資本管理公司執行長）

一九九四年，海格斯壯寫的《值得長抱的股票 巴菲特是這麼挑的》（*The Warren Buffett Way*）上市就轟動一時，至今已在全美銷售一百二十萬冊。從該書的暢銷就足以證明海格斯壯的分析精確、建議管用。

凡是談到有關巴菲特的主題，所涉及的數字往往都大得驚人。雖然多數投資人可以動用的金額大概只有千、百美元，而巴菲特一出手便是數百萬或數十億，但這不表示我們不能師法巴菲特。

事實正好相反，如果我們注意他做了什麼以及其結果，便能從中發現巴菲特的基本思路並進而效法。

而這也是海格斯壯寫這本書的最大貢獻。他多年貼近研究巴菲特的行動、言語以及決策，再加以分析，理出貫穿其中的思路主線。他在書裡把這些主軸濃縮成「巴菲特投資理念十二守則」，凡有志投資者皆可參考受惠。

本書另一個長遠的價值則在於焦點明晰，雖然書中也談及投資技術，但基本上都以談投資原則為主。也正因為「原則」才能歷久不衰，我幾乎可以想像巴菲特會歪著臉笑道：「人們叫它們為『原則』的道理就在此。」

過去十年的種種就清楚證明了此言不假。股市趨勢在這十年變動數回，我們看到吹漲了的泡沫，成就了許多富人，接著便是令人痛苦的熊市（bear market，意指長期持續下跌的股市，此用語源自十七世紀的一句西方諺語：「還沒捉到熊就賣熊皮」，泛指一般很不聰明的行為，後來逐漸演變為今天的用法），美股一直拖到二〇〇三年春天觸底後才開始反轉。

但就算在這段時間，巴菲特未曾修改他的投資方式，也一直沒有違反本書提到的原則：

◆ 視買股票為買進一家企業的一小部分事業。
◆ 組成一個集中且週轉率低的股票組合。
◆ 只投資自己能懂並會分析的項目。
◆ 在買價與公司長期價值間，預留安全空間。

而投資巴菲特波克夏公司的人當然也在這種穩定的投資方式下賺了錢。自二〇〇三年起，波克夏每股市值約上漲了兩萬美元，也就是百分之三十幾，這遠遠超過同時期的股市大盤表現。

巴菲特這種「價值投資」的思考淵源起自班傑明．葛拉漢，再經由巴菲特及其同時代的投資者，傳到下一代奉行者如海格斯壯等。

巴菲特是葛拉漢最著名的門生，他經常建議投資人去閱讀葛拉漢的《聰明的投資人》（*The Intelligent Investor*）。而我本人也常做同樣的建議。我相信本書與那本經典著作都有個關鍵的同質性——那就是「建議無法致富，但它也不太可能讓你變窮」。

只要你能理解並有智慧地使用這些建議，本書的技術與原則能夠讓你變成一個更好的投資人。

《值得長抱的股票 巴菲特是這麼挑的》第一版前言

巴菲特的關鍵投資決策

彼得·林區（富達投資公司副主席、知名投資家）

【本文為本書前一個版本《值得長抱的股票 巴菲特是這麼挑的》之前言，由著名投資家彼得·林區執筆。該書亦由遠流出版公司出版。】

一九八九年初，我在家的一個週末夜晚，電話鈴響了。當時十一歲的次女安妮，第一個接起電話。她告訴我是巴菲特打來的，我想這一定是開玩笑。打電話來的人開口說：「我是來自奧瑪哈的華倫·巴菲特（好像怕我會把他與其他的華倫·巴菲特搞混似的）。我剛看完你的書，我好喜歡它，而且我想要引用你的一句話，放在《波克夏年報》中。我老是想寫一本書，但從未開始。」他說話非常快速，言語中充滿了狂熱，在十五或二十秒內說了大概四十個字，包括一些大笑和哈哈的笑聲。我立即同意他的請求並和他談了五至十分鐘。我記得他最後說：「如果你到了奧瑪哈，卻不過來拜訪我，你將會在內布拉斯加州名聲掃地。」

顯然我不想在內布拉斯加州名聲掃地，約六個月後，我依他的囑咐前去拜訪。巴菲特讓我參觀他辦公室的每個地方（不需花很長時間，因為他工作所需就塞在小於半個網球場的地方），我對所有十一個員工打招呼。在那裡看不到一部電腦或股票行情螢光幕。

大約一小時以後，我們到了當地的一家餐廳，在他的指引下，我吃了一客非常棒的牛排和三十幾年來第一次喝到的櫻桃可口可樂。我們討論孩童時期的工作經驗、棒球和橋牌，並對我們過去曾經投資的公司交換意見。巴菲特和我討論，或回答波克夏（他從不稱他的公司為波克夏哈薩威）擁有的每一種股票，以及相關的操作問題。

為什麼巴菲特是歷史上最優秀的投資人？他做為一個個人、股東、經理人和一家公司的所有者是什麼樣子？《波克夏年報》有什麼特別之處？為什麼他要花這麼多心血在這裡？我們能從中學到什麼？為了嘗試回答這些問題，我直接和他討論，並且重讀那最後五年的年報和他早期當主席時的報告（一九七一和一九七二年的報告各只有兩頁的文章）。除此之外，我也和九個在過去四到三十幾年來，曾與巴菲特有密切關係的人談過，他們和他分別有不同的關係，並各有不同的觀點，這九個人分別是：傑克．波恩（Jack Byrne）、羅伯特．丹漢（Robert Denham）、唐．奇奧（Don Keough）、卡洛．露米斯（Carol Loomis）、湯姆．墨菲（Tom Murphy）、查理．蒙格、卡爾．雷查德（Carl Reichardt）、法蘭克．隆尼（Frank Rooney）和塞斯．休菲爾德（Seth Schofield）。

單從他個人特質來講，這些受訪者給的答案相當一致。首先，巴菲特是非常知足的。他愛他所做的一切，喜歡與人相處，喜愛閱讀大量的年刊、季報和多份的報紙及各類期刊。身為投資人，他有紀律、耐性、彈性、勇氣、信心和決心。他總是在尋找無風險或風險最少的投資標的。此外，他非常善於機率計算，並總是穩操勝算。我想這應該歸功於他對簡單數學計算持續的熱愛、對橋牌活動保持一種積極參與的精神，以及在高風險的保險和再保險行業裡的長期經驗，培養出能承保高風險的忍受力。他非常樂意接受那種血本無歸的機會下，而實際報酬卻很豐厚的冒險。他列出自己的失敗和錯誤紀錄，卻不提出任何辯解。他喜歡開自己的玩笑，卻能客觀地稱讚他的同仁。

巴菲特是一個偉大的商業研究者，也是一位不可思議的聽眾，他能迅速準確地判斷一家公司或一個複雜議題的主要因素。他能在短短的兩分鐘內便下決定不做某項投資，並只根據幾天的研究，就判斷出現在是該進行重大投資計畫的時候。他總是隨時做好準備，就如同他在某年度報告時所說的，「諾亞並不是在已經下大雨的時候，才開始建造方舟。」

做為一名經營者，他幾乎從不打電話召喚各部門的負責人或公司主管，反倒很高興他們不分晝夜隨時打電話要求他做報告或提供諮詢。在投資某個股票，或併購一個公司的行動結束之後，他成了啦啦隊和回音響板，以棒球管理來比擬，「在波克夏我們不用去告訴一個全壘打王如何揮棒」。

巴菲特的自學精神以及適應環境的能力，可以從公開演說和使用電腦看出端倪。一九五〇年代，巴菲特投資一百美元去上卡內基課程，他說，這麼做「不是為了讓我在演說的時候雙腳不會發抖，而是要學會當雙腳正在發抖的時候，還能繼續發表演說。」在波克夏的年會，面對著一千多名聽眾，巴菲特和蒙格一同坐在講台上，在沒有講稿的情況下，他發表演講並且回答問題，這讓威爾．羅傑斯（Will Rogers）、班傑明．葛拉漢、金恩．所羅門（King Solomon）、菲利普．費雪、大衛．萊特曼（David Letterman）和比利．克里斯多（Billy Crystal）等人十分開心。而為了能夠多玩橋牌，一九九四年年初，巴菲特學習使用電腦，如此他便能夠經由網路，參加來自全國其他地區玩家的牌局。也許在不久的將來，他將開始從電腦網路上擷取數以百計的電腦資料和訊息，做為投資研究的參考，這些資訊服務現今隨手可得。

巴菲特強調成功投資的重要因素，取決於企業的實質價值，和支付一個合理划算的交易價格。他不在意最近或未來一般股市將會如何運作。一九八八年和一九八九年他購買了十億美元的可口可樂股票，這些股票在六年上漲了五倍，而過去六十幾年來則陸陸續續共漲了五百倍。三年裡，他靠可樂的股票將手中的錢變成了四倍，更計畫在未來的五年、十年和二十年內賺更多的錢。一九七六年，當GEICO（政府員工保險公司）的股票從一股六十美元下跌到兩美元，且一般人都認為其股價絕對會降至零的時候，他反而大量買入，成為GEICO主要的股權所有者。

一般投資人如何應用巴菲特的投資策略呢？巴菲特從不投資他不了解的企業，或是在他的「競爭優勢圈」外的企業。所有的投資人都可以在投入大量的時間後，獲得或增強他們的「競爭優勢圈」，不過先決條件必須是圈內的，是自己專精或樂於研究的產業。一個人在他的一生當中，不一定每次都得分毫不差，正如巴菲特說的，在他四十年的職業生涯裡，只有十二個投資決策，造成他今日與眾不同的成功地位。

如果能強迫投資人更謹慎透徹地做好投資研究，只要專注於持有少數幾種股票，便可以大大降低投資風險。通常，超過七五％的波克夏普通股持股，僅由五種不同的有價證券組合而成。《值得長抱的股票 巴菲特是這麼挑的》一再明白強調一個原則：當大企業有暫時性的麻煩或股市下跌，並創造出有利可圖的股價時，應進場買下這些大企業的股票。不要再試著預測股票市場的方向、經濟情勢、利率或選舉結果，並停止浪費金錢在以此糊口的人身上。研究公司的現況和財務情形，並評估公司將來的展望，當一切都合你意的時候就買下它。許多人盲目投資，從某方面來說，這就像通宵玩牌，卻不曾看清楚手中的牌一樣。

當GEICO的股價降至每股兩美元，或當許多專家都認為富國銀行或通用動力公司的情況很糟，使得投資人的信心備受打擊時，很少投資人會有知識和勇氣下決心去購買這些公司的股票。然而，巴菲特所買的卻是獲利紀錄良好、經營得法的公司，而且在市場上是強勢獨占的企業，例如，首都／美國廣播公司、吉列、《華盛頓郵報》、聯合出版社、房地美或可口可樂（其中可口可樂已替波克夏賺進六十億美元的利潤，或六十億美元的股東權益）。

除波克夏的股東們一直接受其指導之外，巴菲特也利用波克夏年報讓一般大眾成為更佳的投資人。提到他的家庭，他是報紙編輯的後裔，而他的姑媽艾麗絲則是任職公立學校三十幾年的教師。巴菲特喜歡從事企管教學和著書工作，尤其是投資方面。二十一歲時，他自願在奧瑪哈的內布拉斯加州大學教書。一九五五年，還在紐約工作的時候，他在斯卡斯戴爾中學裡教授有關股票市場的成人教育課程。從一九六〇年代末至一九七〇年代的十年裡，他免費替克萊頓大學上演講課程。一九七七年，他任職於小艾爾．商默所領導的委員會，大力鼓吹證券交易委員會致力於企業資訊透明化的原則。在他參與此委員會之後，一九七七年後期和一九七八年初期所出版的《一九七七年波克夏年報》，在內容上有了大幅改變。內容的格式比較類似於那些他從一九五六到一九六九年所寫的合夥人報告。

從一九八〇年年初開始，《波克夏年報》開始告知股東控股公司和新投資的績效，並提供最新的保險和再保險產業的狀況，同時（自從一九八二年以後）也列出了有關波克夏併購企業的標準。這報告提供了許多例子，並運用了大量的比喻、寓言和隱喻，解釋投資股票時的騙局和禁忌。

巴菲特替波克夏未來的績效設定了很高的標準，從長期面來看，他希望公司的實質價值每年能逐漸增加一五%，從一九五六年到一九九三年，除了他自己以外沒有人曾訂下如此嚴格的標準。他曾說公司的規模愈大，想維持這個標準也愈困難，但總是有機會的，波克夏一直保有許多現金以備隨時投資所需，而且公司每個年度的現金也一直保持成長。他的信心可由一九九三年的六月份年報第六十頁最後幾個字看出，「波克夏從一九六七年以後，還沒有配發過現金股利。」

巴菲特曾提過他一直想寫一本有關投資的書，希望能在未來付諸實現。然而，在那之前，他的年報內容充滿著類似十九世紀作家如：愛倫．坡（Edgar Allen Poe）、梅克皮斯．柴克（William Makepeace Thackery），和查爾斯．狄更斯（Charles Dickens）等人的連載小說文體。一九七七年到一九九三年的《波克夏年報》，就是那本書裡的十七個章節。同時在此，我們現在有《值得長抱的股票 巴菲特是這麼挑的》這本書，海格斯壯不僅刻畫了巴菲特的職業生涯，而且舉例說明他的投資技術和方法是如何形成的，同時提及在這過程中，對其有重要影響的人物。

本書也細述了造成巴菲特無與倫比成就的關鍵投資決策，揭示了一位不斷創造財富的投資者，他的思考方式和哲學觀以及他的生財之道。而最重要的是對任何人而言，無論其財富多寡，巴菲特的策略都一樣有效。

自序

十年驗證的變與不變

羅伯特・海格斯壯（本書作者）

將近二十年前，我正在接受李格梅森資本管理公司的培訓，準備展開投資經紀人生涯時，波克夏的公司年報是培訓時發給我們的教材之一，那也算是我第一次接觸巴菲特。就像所有閱讀波克夏年報的人，我立即被巴菲特清晰的寫作風格所吸引。

身為一九八〇年代的年輕專業人士，那時我為了跟上股市、經濟以及不斷進出股票，我發現自己真是一個頭兩個大。但每回讀到有關巴菲特的報導或專文，他的理性之聲猶如暮鼓晨鐘。是他這種常保冷靜的特質，鼓勵我寫成了這本書。

撰寫《值得長抱的股票 巴菲特是這麼挑的》時的主要挑戰是：我得去證實或推翻巴菲特說的「我所做的非一般人所不能為。」

有些論述者指出，巴菲特儘管成功，但他獨有的氣質讓他的投資法無法被人普遍採用。我卻不這麼認為。巴菲特氣質確實與眾不同，這是他成功的要素，但只要了解他的方法，不管是個人或法人都可運用。我寫這本書就是想幫助投資人使用巴菲特賴以成功的策略。

《值得長抱的股票 巴菲特是這麼挑的》闡述的是個簡單的方法。不須費神學電腦程式，不必解讀厚重的投資手冊。無論你在財力上能買進某家公司十分之一的股權或只能買十分之一張的股票，本書都能幫助你的投資獲得相當回報。

但千萬不要拿你自己跟巴菲特比，他在持有與投資企業上操作了五十年之久，你不該奢望要有與他一樣的投資獲利紀錄。相反地，你倒可以拿以前的獲利狀況與同儕的投資做比較，不論他們買的是積極型共同基金、指數基金，或是整個大盤。

本書的初版叫好叫座，我由衷感謝這麼多人的捧場，也很高興書中所言派得上用場。《值得長抱的股票 巴菲特是這麼挑的》的成功，其實是首次對巴菲特做了重要的驗證。他的風趣與品格風靡全球，他的智慧與投資紀錄讓專業投資圈折服多年，其中也包括我在內。這種絕無僅有的綜合成功面向，讓巴菲特成為當今獨領風騷的投資之神。

在寫本書前我無緣親晤巴菲特本人，撰寫中也未求助於他。儘管求教必有所獲，但我有幸能從他所寫的許多有關投資文章中理出心得，有些文章寫在四十多年前。我不時大量引用波克夏的年報，尤其是巴菲特以董事長身分給股東的信。巴菲特授權我使用這些有版權的資料，但他是在看過原稿後才同意授權。授權並不意味他參與本書的製作或他私下給了我一些從未公開的密件。

巴菲特凡事公開，但所作所為不一定被人注意。就我來看，該做的以及對投資大眾有用的，就是全面檢視他的思考與策略以及波克夏這些年買進些什麼，並整理成單一來源。這就是當年我寫《值得長抱的股票 巴菲特是這麼挑的》的起點。

這本書在十年後全新改版，但仍維持同樣的基本目標，那就是檢視巴菲特可以做為投資教材的新近交易，同時要看看改變中的金融環境是否讓他改變策略。

有些事其實變得愈發明確。巴菲特的進出動作在最近幾年明顯減少，他更勤於買進整家公司而不是買進公司的股票，他偶爾大量買進債券，如屬於投資型的公司債、公債，甚至高殖利率債券，當它們條件不再那麼好時，巴菲特便即時出脫。

我還會介紹幾家新購公司的狀況，並討論這些公司的業務本質如何與巴菲特原則相呼應。然而，這些公司中有許多家被巴菲特購買前都屬私營企業，無法從公開管道取得特定的財務資料。因此，除了說巴菲特顯然滿意他看到的數字，我無法斷言巴菲特到底怎麼看這些公司的經濟狀況。

在這本新版書裡我還藉機加進初版時沒有的一些資料。新增一章討論巴菲特的投資組合管理風格，他稱之為「集中投資」。這是他成功的基石，我強烈推薦。我另增了一章〈金錢心理學〉，討論情緒對做好決定的關鍵影響。想投資高明，先得清楚知道造成愚蠢行為的種種誘惑。理由至少有兩個，一是如果你能看到情緒坑洞，便不致為其所困；同時你還能看出他人的失誤，引以為鑑、從而獲利。

十年不長不短，但視個人的處境和世界觀而定。就投資人而言，我們能說的是在此十年中，情況或有改變但本質依舊。這是好的，因為在另個十年，情況可以回歸，或完全改變方向。堅守原則的人要比善變者更能安穩度過風浪。

寫完《值得長抱的股票 巴菲特是這麼挑的》初版後的十年，股市擾攘喧譁，有時吵到聽不到任何聲音。電視評論員、財經作家、分析師以及市場策略專家紛向投資人爭寵。而在此同時，許多投資人沉迷於網路的聊天室與留言板，交換不當的資訊和誤人的內幕消息。

然而，就算訊息更多，投資人卻發現獲利更困難，有些人甚至被迫出場。股價沒來由沖天，接著暴跌，為了孩子教育金和個人退休金而投資的人每天心驚膽跳。市場看來既無規律也不理智，純是鬧劇。

超脫這些市場狂野的是巴菲特的理智與忠告。在看似重投機輕投資的環境中，巴菲特的投資建議更經得起時間考驗，是數百萬投資失利者的避風港。偶爾頭殼壞去的投資人會大聲反駁：「但這次不一樣。」有時恰好被他們說中。政治的善變使股市即時反應，接著經濟市場做出不同調的回應。產業裡新公司湧現而另些公司開始成熟。產業不斷地形成、調整。世界變革的步調更快，但本書勾勒的原則歷久彌堅。

以下是一九九六年波克夏公司年報裡巴菲特的名言：「做為投資人，你們的目標，是只要以合理的價格買進易懂事業的部分股權，該企業五年、十年、二十年後的獲利必然能實質高於當前。慢慢等，你會發現只有少數公司符合標準，那麼當你發現有此條件的公司時，就不客氣地大量買進。」

不論你有多少錢可以投資，不管你感興趣的產業或公司是什麼，你都無法找到一個比這個建議更好的試金石。

二〇〇四年九月於賓州 維拉諾娃

導言
我的父親與巴菲特

肯尼斯・費雪（投資家費雪之子）

【菲利普・費雪是早期啟蒙巴菲特投資觀念的幾位著名投資專家之一。他在一九二八年開始投資事業，一九五八年他寫了談論投資的經典《非常潛力股》（*Common Stocks and Uncommon Profits*）；巴菲特當年閱畢這本書後大為嘆服，並立即決定親自前往拜訪這位投資事業的前輩，兩人也自此維繫了長久的友誼。

巴菲特在二〇〇五年二月接受財經電視頻道CNBC的專訪時，都不忘提及費雪是他學習投資理念的幾位人士之一。一般公認，巴菲特強調「集中投資」及「注意市場及公司消息面異常」等做法，就是源自費雪的啟發。費雪於二〇〇四年三月辭世，本文是由費雪之子所撰寫，文中詳談了費雪眼中的巴菲特及這對忘年之交的溫暖情誼。】

我父親對巴菲特採用他的某些觀點深感自豪，也十分珍惜他們兩人間的長期友誼。

如果我的父親至今健在，他會欣然願意撰寫這篇導言，與大家分享數十年來與這位老友往來的種種美好感受，這個人是他交遊中極少數能在投資成果上光芒四射而讓他相形見絀的人士之一。

我父親真誠地和巴菲特交往，並以巴菲特採用他的某些觀點引以為傲。他享年九十六歲，當我意外接到一封信邀我撰寫家父與巴菲特交往的種種時，他離世正好滿三個月。這篇導言幫助我對父親與巴菲特的關係釐清了一些疑點，並且有了結論。

對本書的讀者，我希望能提供投資史上一個重要的觀察片段，以及如何善用本書的一些想法。

我不多談巴菲特，因為他是書中主角，而海格斯壯對他的闡述已經優雅而深入。巴菲特在投資上受我父親的影響不是祕密，而就如本書寫的，他對巴菲特思維的影響在近幾年更為顯著。同樣地，自從我父親與巴菲特熟絡以後，他對巴菲特的敬意日增，並認為巴菲特具備一般投資經理人身上鮮有、但投資成功卻必備的特質。

四十年前巴菲特初訪家父時，拿今日標準來看，當時的資訊工具相對顯得原始，但我的父親已有一套蒐集資訊的方法。經過數十載的心血，他建立了一個友誼圈，圈裡都是他看重的投資專業人士，他們也很清楚父親對哪些東西感興趣，並與他分享投資觀點。

也基於結交英才的理由，他曾表示願意和年輕的理財專業人士晤面，若是留下好印象，他或許將再次會晤長談。可是他很少真的和某個拜訪者會面第二次，標準真是高！他一向認為，你拿不到甲就只有拿丙的份。如果讓他看輕某個人，甚至會永不往來。結交機會只有一次，人生時間寶貴。

巴菲特就是他極少數初見印象好，並願意再見面的青年之一，之後他還成了常客。父親的投資事業便是靠善於閱人而起，這是他的拿手專長，也是他分析股票如此重視企業管理的原因。而他在巴菲特成名前便給他打了個「甲」，為此父親還頗沾沾自喜。

我父親年邁後偶見失常，但幸未阻礙他與巴菲特的關係，老人家有時會誤叫巴菲特為「霍華德」（Howard）。這段軼事從未公開過，或許這多少點出了父親和巴菲特是怎麼樣的兩個人。

父親個兒小但志向遠大。雖然平時待人仁厚，但他容易緊張、常會有激動不安的情緒。他生活很有紀律，同時有嗜睡的傾向，因為睡眠使他不再焦慮。因此當夜晚他思慮旺盛、難以成眠時，他會選擇玩記憶遊戲而不靠數羊入睡。幫他入睡的遊戲之一是他默記美國議員的姓名與選區。

從一九四二年起，家父記下「霍華德」．巴菲特這個名字，並把它與巴菲特事業所在奧瑪哈市扯到一起，數十年如一日，他夜夜把這兩者連成一氣。他的大腦不用想便把「奧瑪哈」、「巴菲特」與「霍華德」送做堆。之後巴菲特事業有成、聲譽日隆，父親費了二十年的時間，才切斷了霍華德、巴菲特與奧瑪哈的聯想。老人家因此還不開心，因為他喜歡巴菲特並看重兩人的關係。他清楚知道巴菲特是誰，但閒談中仍常脫口而出：「那位來自奧瑪哈的優秀青年霍華德……」他愈常這麼說，就愈來愈難擺脫。

有一次他們兩人有個早晨約會，父親有意藉那次見面徹底「捨霍華德就華倫」，但交談中，他仍不免叫巴菲特為「霍華德」。如果巴菲特注意到了，他顯然未明說，當下不至於去糾正一個老人。這個口誤跟著父親與巴菲特整個一九七〇年代。直到一九八〇年代，父親才總算不再用「霍華德」——能永遠忘掉「霍華德」還真讓他欣喜一陣子呢。數年後，我問他是否曾向巴菲特解釋過，他說沒有，因為他覺得羞愧極了。

當然，這兩人友誼基礎深厚，自然沒有因為一個叫錯了的名字影響關係。我認為他們友誼的核心是對道德操守的看法一致。巴菲特在談到監督波克夏的管理層時說：「我們不必告訴全壘打王如何揮棒。」這句話幾乎與我父親所說的如出一轍：與一流人才交往時別無視於他們有多好，更別指揮他們做什麼。

長久以來，我父親佩服巴菲特能像個單一投資人般持續進步，卻也未妥協任何核心原則。每十年，巴菲特總能做到旁人預料不到的事，而且成績斐然，就算讀了他事前所寫的東西，也想不到他的投資才智如此高明。在專業投資圈內，多數人先是像學功夫一樣學藝，之後形成某套投資風格，從此一成不變；他們買本益比低的股票或主流科技股等，學藝成功後便墨守成規或只稍作調整。

巴菲特卻不是這樣，他頻出新招，每十年才出一次大動作，因此不可能預測他接下來要做什麼。從他最早嚴格的價值投資傾向，根本猜不出他會在一九七〇年代大買特許行業。而依他過去的做法，沒人能預知在一九八〇年代他看中消費產品，並不惜以高於市場的平均本益比價格買進。他願意去改變成規，改變的結果也相當理想，單就此事便是你該讀本書的重要理由。多數人有意東施效顰巴菲特，但都做不成。父親認為巴菲特之所以鮮嘗敗績，是因為他從不忘本。他一直真實看待自己的優勢與劣勢。

父親手邊總是不離詩人魯德亞德・吉卜齡（Rudyard Kipling）的名詩《如果》（*If.*），他把詩文放在書桌、床頭櫃或書齋。他再三閱讀這首詩也常唸給我聽。現在我的桌上也放著這首詩，猶如他就在我身邊。父親有時缺乏安全感但他無所畏懼，他會以吉卜齡的方式告訴你要嚴肅對待事業與投資，但別太高估自己。他會要你思考旁人對你的批評，但別讓他們決定你的人生。他告誡我要自我挑戰但別過度誤判了自己，而當你自認失敗時，強迫自己重頭再來。他也會要你在狀況混沌前先著手下一步的事。

父親最佩服欣賞巴菲特的一點就是，他蛻變的本事符合父親的價值觀和投資史觀，巴菲特在狀況未明前便出招，不受制於過去、不被自己說過的話束縛、不盲從於傳統或自尊，勇於前進。就父親的思路來看，巴菲特就像吉卜齡永恆價值的化身。

很不幸地，每個社會都有一小部分（但為數也不少）胸狹隘、見不得他人好的傢伙，他們成事不足，卻敗事有餘。不懂愛，光使壞。這些心胸不正的人，成天想製造痛苦而自己無法生利。只要有人功成名就，不論是哪個行業都必遭各方詆毀。可能的話，他們會希望那些成功者最好就此身敗名裂。我那沒有安全感的父親認為人人都會被詆毀，包括他本人，他也希望他看重的人別被汙名纏身。可是如果他的朋友還是不幸遭人構陷時，他會希望朋友能以吉卜齡的方式對於批評和指控先求自省，而不是覺得反正已經被汙名化。父親總是透過吉卜齡的眼光看世界。

歷經比多數人更長的事業高峰，巴菲特全身而退，難得的是詆毀少沾其身。這要歸功於巴菲特的核心價值，他一向看清自己也有自知之明。他不為衝突的利益所困，衝突的利益有損他的原則，如果在這類界限上模糊不清，當然要叫人看輕。凡事不落人話柄，自然沒有流言。這才是巴菲特最值得我們效法的核心——要認清自己。

寫這篇導言某方面是告訴大家如何利用本書。在我的事業生涯中，人們問我為何不師法父親或學巴菲特。答案很簡單，因為我不是他們。我得善用屬於我的相對優勢。我沒法像父親一樣閱人準確，也不像巴菲特那麼天才。

請千萬記得，要懂得透過本書學習，而不是模仿巴菲特。你不是巴菲特，如果試著學他，必然痛苦萬分。利用本書了解巴菲特的觀點，並吸收整合出一套屬於自己的投資方法。很多偉大觀點的源頭多半來自於「自己」。本書的洞見只有在你納入這些見解並領會時才真有用，而不是自我扭曲去配合這些洞見。一個扭曲的人往往投資拙劣，除非你能扭曲自如。但不論如何，我敢說不管你讀什麼或使多大勁，你都成不了巴菲特。你只能做自己。

父親給我最大的教誨就是這點，他在各方面都是名師，他要我別學他也別學其他人，而是發揮自己最大的長處，別止步不前。你能從巴菲特學到的最好一課是什麼？向他學習但不必模仿。如果您年紀還輕，最好的投資心得是認清自我；若您上了年紀，最好的領悟是「你其實比你想像得年輕」，要保持年輕的心，別忘了自己難得的天賦。如果不能在心態上保持年輕，那巴菲特哪能在早屆退休之齡，還可以不斷地蛻變、頻出新招。

「以巴菲特為師，而不是以他為偶像」，本書是解讀巴菲特的最佳首選，陳述簡明易懂。你將因此書獲益無窮，並以此書做為自創成功投資法的基礎。

第 1 章
世上最偉大的投資家

至今，巴菲特仍是歷來《富比士》前五名富豪中，唯一在「財富來源」欄裡填進「股票市場」的人。

每年《富比士》（*Forbes*）雜誌都要公布四百位全美最有錢的人，他們被稱作「富比士四百菁英」。年年都有富豪因為個人狀況改變或者產業興衰而遭汰換，但有些人則歷久長青。這些年年上榜的人必然是超級鉅子，他們的財富或來自某項產品（例如電腦軟體或硬體）、某種服務（例如零售）或者單純是投對胎（繼承家業）。

但在「長青名單」上經常出現的前五名裡，只有一個人的財富是因為他投資高明，那人就是華倫・巴菲特（Warren Buffett）。

一九九〇年代早期，巴菲特長居《富比士》調查榜首。接下來的幾年，他與一個名為比爾・蓋茲的年輕人輪居首席。而在「達康」狂熱的二〇〇〇年，當《富比士》四百富豪名單中的有錢人多半來自成長驚人的科技業時，選擇微笑避開高科技股的巴菲特也還穩居第四位。二〇〇四年他又後勁十足地回升到第二名。至今，巴菲特仍是歷來《富比士》前五名富豪中，唯一在「財富來源」欄裡填進「股票市場」的人。

一九五六年巴菲特以一百美元起家，十三年後他身價兩千五百萬美元。撰寫本書時（二〇〇四年中）他個人財富增加到四百二十九億美元，名下波克夏哈薩威（Berkshire Hathaway，也簡稱為波克夏）公司的股票賣到九萬兩千九百元一股（此處是指波克夏公司的「A股」，為了讓小額的投資人也有買進機會，該公司發行的股票分為A股及每股權益相當於A股三十分之一的B股）。只要巴菲特說話，全球數百萬的投資人都會豎耳恭聽。

但是，要想全盤了解巴菲特，我們不能只看錢財、亮麗的績效和聲譽。

投資初始

一九三〇年八月三十日，巴菲特出生於內布拉斯加州奧瑪哈市。他的祖父開雜貨店（曾雇用年輕時期的查理．蒙格〔Charlie Munger〕為員工），父親是當地的股票經紀人。巴菲特從小對數字好奇，心算一把罩；八歲就開始讀他父親有關股市的藏書，十一歲便在父親工作的證券行幫忙畫大盤走勢。他在童年便對創業做小本生意興致勃勃，更因為投資順利而告訴父親大人他不想讀大學，想直接做生意，當然這想法沒有被接受。

巴菲特後來進了內布拉斯加大學的商學院就讀，這段期間他看了一本由哥倫比亞大學教授班傑明．葛拉漢（Benjamin Graham）寫的投資書籍；這本書就是著名的《聰明的投資人》（*The Intelligent Investor*）。葛拉漢的觀點深深吸引了巴菲特，使他轉而申請哥大商學院，以便直接求教葛拉漢。現在的紅杉基金（Sequoia Fund）董事長比爾．盧恩（Bill Ruane）當時與他同班。盧恩記得葛拉漢與巴菲特立即成為知心師生，班上其他的同學只有聽的份。

巴菲特從哥大畢業並取得經濟學碩士學位後不久，葛拉漢便拉這位得意門生進「葛拉漢—紐曼」（Graham-Newman）公司就職。在那兒實習了兩年後，巴菲特對這位導師的投資方法全心投入，瞭若指掌。

一九五六年葛拉漢—紐曼公司解散，六十一歲的葛拉漢決定退休，巴菲特回到奧瑪哈。

身懷師父絕技又有親友的財務支持，以及口袋裡的一百美元，巴菲特展開他的合夥投資事業，當時他二十五歲。

合夥公司牛刀小試

這家合夥事業由七位夥伴湊出十萬零五百美元開始。每位合夥人每年可以享有投資本金六%的回報，以及扣除這些後所餘純利的七五%，另二五%則歸巴菲特，身為主要負責的合夥人，他可以全權處理所有合夥人的投資。

緊接下來的十三年，巴菲特每年以二九．五%的比率增加公司財富。這絕非易事。雖然道瓊工業指數在這十三年中有五年是下跌的，巴菲特的合夥事業卻沒有一年賠過錢。事實上巴菲特創業時便抱著要每年高出道瓊平均表現、起碼要贏一〇%的大目標。結果他不僅做到了，更創下超過二十二個百分點的優異成績。

隨著巴菲特的聲譽日隆，更多人請他代為操作。巴菲特替這合夥事業買進數家上市及私有公司的控制權，在一九六二年他開始買進波克夏這家衰老的紡織廠股票。

同年巴菲特將公司從家中搬到奧瑪哈市的「奇威特廣場」，至今他的辦公室還在此廣場原址。辦公室搬遷的隔年，他做了一筆驚天動地的買進。

受客戶醜聞拖累，美國運通（American Express）公司的股價幾乎一夜間從六十五美元跌到三十五美元。巴菲特得葛拉漢的真傳，那就是當一家體質好的公司股價低於其「內含價值」（intrinsic value）時，要果斷採取行動。巴菲特大膽地把公司四〇%的資產——大約一千三百萬美元全都買進美國運通的股票。兩年內，這家公司股價漲了三倍，合夥人獲得兩千萬美元的淨利。這是典型葛拉漢，也是典型巴菲特的絕招。

到了一九六五年，合夥事業的資產增加到兩千六百萬美元。四年後，巴菲特決定結束合夥關係，理由是他認為股市太趨於投機而有價值的機會又遽減。

當公司拆夥時，投資人得到該有的利益。其中幾人在巴菲特建議下，轉請他哥大老同學盧恩代為操作他們的資金。盧恩同意代為操作，紅杉基金也就是在這種情形下成立。另外幾位合夥人包括巴菲特自己，則把合夥所得買了波克夏的股票。此時，巴菲特在合夥事業中的股權已經值兩千五百萬美元，這足以讓他取得波克夏的控制權。

此舉後來在投資圈廣為流傳。即使是股市中的玩票者都聽過巴菲特大名和他無人能及的成功故事。後面我們要追蹤巴菲特主持下波克夏四十年的成長曲線。也許更重要的是，我們也該注意促成巴菲特成功事業表面下的常理哲學。

常勝軍波克夏

其實很難描述巴菲特這個人。體型一般，表情如尋常老人；就頭腦而言，他是當之無愧的天才，但與人毫不做作地誠懇往來。他簡樸、直言、直率、正直；高度尊重邏輯、厭惡愚蠢；他擁抱單純，避開複雜。

閱讀波克夏的公司年報，我們驚訝於巴菲特不著痕跡地引述《聖經》、凱因斯，或梅蕙絲（Mae West, 1893-1980；一九三〇年代的美國名演員及作家，她是流行文化史上解放女性形象的先驅）。不過請你注意「閱讀」這個字眼。每份年報都是字滿滿的六、七十頁厚，不會有照片、彩色圖表，或是曲線圖。有耐力讀完整本報告的人受益無窮，不難發現其中穿插著理財慧語、友善幽默與絕對坦誠。

巴菲特的年報無所隱瞞，公司生意的好壞都談。他相信持有波克夏股票的人就是公司的老闆，他以「自己是股東會想聽到什麼」的方式向他們報告。

巴菲特取得波克夏經營權時，公司淨值為兩千兩百萬美元，四十年後變成六百九十億美元。巴菲特長期的目標是讓波克夏的帳面價值每年成長一五％，遠高於一般美國公司的獲利。其實自從他在一九六四年主導波克夏後，獲利遠高於此，每股的帳面價值從十九美元漲到五萬四百九十八美元，每年累進成長二二％。

況且，你如果想到波克夏繳稅時，因為它賺得太多，所以美國政府要對它的所得以及資本利得雙重課稅，那巴菲特的實際績效更是驚人，比較起來，像標準普爾五百大企業的評估根據還只是公司的稅前獲利。如果拿波克夏績效和標準普爾五百大企業的平均績效相比（見表1.1），一年一年看下來，你可以觀察到波克夏的獲利有時波動較大，股市變化使波克夏主要持股的股價大幅搖擺。

拿表中一九九八年與九九年的結果為例。一九九八年波克夏的價值增加四八％，接著在

表 1.1 波克夏公司績效與標準普爾五百之比

	年度改變率		
	波克夏每股的帳面價值	標準普爾五百包括股息	相對結果
年份	（1）	（2）	（1）－（2）
1965	23.8	10.0	13.8
1966	20.3	(11.7)	32.0
1967	11.0	30.9	(19.9)
1968	19.0	11.0	8.0
1969	16.2	(8.4)	24.6
1970	12.0	3.9	8.1
1971	16.4	14.6	1.8
1972	21.7	18.9	2.8
1973	4.7	(14.8)	19.5
1974	5.5	(26.4)	31.9
1975	21.9	37.2	(15.3)
1976	59.3	23.6	35.7
1977	31.9	(7.4)	39.3
1978	24.0	6.4	17.6
1979	35.7	18.2	17.5
1980	19.3	32.3	(13.0)
1981	31.4	(5.0)	36.4

（接下頁）

【來源】 波克夏 2003 年年報

【註解】 會計年度資料有以下幾年例外：1965 與 1966 的會計年尾是 9 月 30 日，1967 年則涵蓋十五個月，到 12 月 31 日。

從 1979 年起，會計法規要求保險公司要以市價而非低於成本或低於市價的價格來計算所持證券。此表中波克夏到 1978 年的結果被重新計算以符合新法規。除此之外，結果都以原始報告的數字來計算。

標準普爾五百的數字是稅前，而波克夏是稅後計算。如果像波克夏這種公司持有標準普爾五百並積累該繳的稅，在標準普爾五百指數顯示正成長時，波克夏要晚指數好幾年才會顯示賺錢的結果，而指數顯示負成長時，波克夏幾年前就已顯示負成長。

表 1.1（續前頁）

	年度改變率		
	波克夏每股的帳面價值	標準普爾五百包括股息	相對結果
1982	40.0	21.4	18.6
1983	32.3	22.4	9.9
1984	13.6	6.1	7.5
1985	48.2	31.6	16.6
1986	26.1	18.6	7.5
1987	19.5	5.1	14.4
1988	20.1	16.6	3.5
1989	44.4	31.7	12.7
1990	7.4	(3.1)	10.5
1991	39.6	30.5	9.1
1992	20.3	7.6	12.7
1993	14.3	10.1	4.2
1994	13.9	1.3	12.6
1995	43.1	37.6	5.5
1996	31.8	23.0	8.8
1997	34.1	33.4	.7
1998	48.3	28.6	19.7
1999	5	21.0	(20.5)
2000	6.5	(9.1)	15.6
2001	(6.2)	(11.9)	5.7
2002	10.0	(22.1)	32.1
2003	21.0	28.7	(7.7)
1965-2003 平均年獲利	22.2	10.4	11.8
1964-2003 整體獲利	259,485	4,743	

一九九九年，公司的成長只有可憐的千分之五，然而，標準普爾五百卻增加了二一%。這裡涉及兩個原因，一是波克夏的結果可歸咎於持股中非耐久財消費商品公司（可口可樂與吉列刮鬍刀）的獲利不佳，而標準普爾的成長主要拜科技股傑出表現之賜，而波克夏並未持有任何科技股。

以一貫著名的坦誠語氣，巴菲特在一九九九年的年報上說：「（投資）能大幅超越標準普爾指數的成績確實已是過去式了。」但他也預測，長遠來看波克夏的績效會比標準普爾「稍」佳。接下來三年，結果正如他預期。然後在二〇〇三年，波克夏表現不俗，帳面價值成長了二一%，但標準普爾成長更多。

用低價買「確定」

從一九九〇年代末起，巴菲特在股市的動作遠小於一九八〇年代及九〇年代初期。許多人注意到他減少動作並好奇股市是否已到高點。另外一些人認為巴菲特不再購買普通股正好說明，他以前樂於買進的那類股票其股價不再吸引人。

我們知道巴菲特的偏好是「用折價買確定」（buy certainties at a discount）。所謂「確定」是指一家公司的經濟狀況可預知。

當一家公司的經濟可預測，我們對其價值便可愈加確定。當我們檢視巴菲特所持有的各種股票以及波克夏名下完全掌控的公司，我們立刻發現這些事業都有高度的可預知性。至於

「折價」指的當然是說買進時股價夠低。

正因為巴菲特喜歡以低於公司內含價值的價格買進經濟狀況預測性高的公司，因此我們的結論是，巴菲特近年不買股票是因為少有類似這種機會出現。

我很確信可口可樂、吉列或其他類似的公司今天的股價若折半出售，巴菲特必定大量購入，放進波克夏的投資組合。

要就全拿

我們也知道巴菲特只做能力所及的事。不妨把「能力所及」想成你個人累積的經驗值。如果某人在某一行業內成功經營了十多年，我們可以放心地說他足以勝任未來的工作。然而，如果在一個新行業上只做了幾年，我們當然可以質疑他是否勝任。這也許和巴菲特的理性思維有關，他依個人研究與操作波克夏投資組合的總體業務經驗判斷，他會認可一家公司「能力好」的門檻過高，因此近年來很難對新興行業有什麼深刻的體認。

或許，巴菲特進退兩難。在他能力範圍內，他屬意的股票，目前的價格都不如他想要的低。同時，在他能力以外，新行業中快速成長的企業群卻又未達到他要求的高度經濟確定性。如果這麼分析是對的，就不難理解他在過去幾年未大量買進普通股的苦衷。

但如果我們真的認為因為可選的股票少了，巴菲特沒有投資選擇，那我們就太蠢了。他也熱衷於固定收益的市場，包括在二〇〇二年大量買進高殖利率債券。他也很注意定期套利的機會。但想想巴菲特需要這種套利中投下多大資金才能取得相當的獲利，足見套利市場的肥水也許已不如往昔。

但波克夏股東不要覺得機會被剝奪。股東們常常忘了巴菲特年年都在年報列舉與股東有關的企業原則，裡面有條最重要的第四原則寫著：「我們最想做到『把波克夏內含價值的年平均獲利率最大化』之目標，透過直接持有的分散式事業群賺進現金，並持續保有高於平均的資本報酬率。（若不能直接持有）退而求其次才是透過購買上市的股票，持有這類公司的部分股權。」

波克夏草創時，投資部分上市公司股票較符合經濟效益。現在，好公司的股價大多已飛漲，而且波克夏的現金獲利龐大，使它的收購能力倍增，巴菲特說過他偏好買進整家公司，現在買進整個企業已成了首要策略。

這當然也有個人因素。我們知道巴菲特喜歡與公司的營運主管往來，對於波克夏旗下負責營運的主管們也很引以為傲。

反之，如果只是公開上市公司股東之一，巴菲特還得因這種部分持有權而擔心：高階主管待遇會不會過高？這次資本再投資策略有沒有可疑之處？也許這類事件讓巴菲特覺得現在做個大股東不像以前那麼吸引人。如果部分持股的經濟效益沒那麼好，巴菲特有什麼理由要去忍受「當個股東守望企業治理」這種鬧劇？

巴菲特唯一親自參與的波克夏旗下事業營運，就是決定高階主管待遇以及紅利分配。在波克夏，這些決定盡求合理。相反地，許多上市公司管理層定出的高階主管待遇以及資本分配有時不盡適當。

對個別投資人而言，因為巴菲特未積極介入股市，他們便該跟著退出嗎？巴菲特轉而買下整家公司，多數投資人又無此能力，他們該怎麼辦？

看來有兩個明顯的選擇。其一是投資波克夏，分享巴菲特旗下傑出事業的經濟成效。其二是採用巴菲特的投資方式，擴大個人競爭力，認真研究新經濟領域內各家公司的商業模式，勇往直前。

我相信巴菲特做決定的長期基本原則堅如磐石，用心的投資人仍可用來打敗標準普爾五百。這本書就是要呈現這些原則，俾使用心的投資人明白其奧妙並將其發揚光大。

第 2 章

大富翁的初啟蒙

投資的基本觀點是把投資股票當成投資事業，在市場波動中找尋自己有利可圖的機會，並預留安全的價格空間。這就是葛拉漢教我們的。一百年後這仍將會是投資的至理名言。

——巴菲特——

巴菲特的投資紀錄可以說是無人能及。歷經四十年股市的起伏，他一路上保持無人出其右的好成績。他的作為看起來不那麼炫耀一時，有時甚至顯得守舊，但一次又一次，他超越那些一時風光但難以為繼的人。巴菲特善於觀察、保持微笑，始終走自己的路。

巴菲特是如何形成他的投資哲學？誰影響了他的想法？他如何化所學為行動？或者我們可以這樣問：這位特殊的天才是如何變得如此與眾不同？

巴菲特的投資方式自成一格，但其實可以追溯至班傑明・葛拉漢、菲利普・費雪（Philip Fisher）、約翰・伯爾・威廉斯（John Burr Williams）及查理・蒙格等人的投資哲學。可以說，這些大師正式或非正式地塑造了巴菲特的金融學教育。前三老是典型的師長，最後一位是他夥伴及推心置腹的友人。他們都深刻影響了巴菲特的思想，對當前的投資人也很管用。

點亮靈光的葛拉漢

葛拉漢被公認為「財務分析的泰斗」，他有此美譽是因為「在他之前無『財務分析』這個專業，他之後才出現了這個名詞。」葛拉漢有兩本名著，一本是與大衛・陶德（David Dodd）合著的《有價證券分析》（*Security Analysis*），一九三四年發行初版；另一本是《聰明的投資人》，一九四九年問市。

《有價證券分析》在一九二九年股市崩盤、美國陷入最嚴重的蕭條之後幾年發行。儘管學界另有人試圖解釋這種經濟現象，但是葛拉漢幫助世人重新站穩金融腳步，並且走上獲利之路。

葛拉漢的職業生涯從華爾街一家叫「紐伯格、韓德森暨羅伊比」（Newburger, Henderson & Loeb）證券經紀公司的送件生幹起，他那時負責在黑板上寫債券與股票行情，一週領十二美元。葛拉漢從送件生一直到能寫分析報告，不久就被推薦為公司的合夥人。到了一九一九年，他的年薪約為六十萬美元，那時他才二十五歲。

一九二六年，葛拉漢與傑瑞姆・紐曼（Jerome Newman）合夥成立投資公司，開張約三十年後聘用了巴菲特。葛拉漢—紐曼公司度過一九二九年的崩盤、大蕭條、二次世界大戰、韓戰，直到一九五六年才拆夥結束。

從一九二八到一九五六年，葛拉漢在主持這家公司的同時，晚上亦在哥倫比亞大學講授財務課程。鮮少有人知道，葛拉漢自己的財務曾經在一九二九年的股市大崩盤時陷入困境。這是他生命中第二次窮困期，第一次發生在父親早逝以致家中生計維艱；這回葛拉漢準備重新出發再創未來，學術避風港讓他有機會反省和重新評估。在陶德的協助下，葛拉漢打造出保守投資的經典作品《有價證券分析》。陶德本人也是哥大教授，兩人之間有著十五年以上的投資經驗智慧，但仍費時四年才完成這本鉅著。

《有價證券分析》的主旨強調慎選價格合理的股票，組成一個分散式的投資組合。葛拉漢謹慎地逐步分析，幫助投資人認清這種投資邏輯。

葛拉漢首先要克服的是投資並無普世接受的定義，以及與投機做個區隔。由於這個論點頗為複雜，葛拉漢首先提出他的定義：「投資行為是經過嚴謹的分析之後，在保證本金安全前提下追求滿意的報酬，而不符這個要求的操作方式便稱為投機。」

但葛拉漢「嚴謹的分析」究竟所指為何？就是：「謹慎研究已知的事實數據，根據通過考驗的原則與合理的邏輯得出結論。」

葛拉漢的定義接下來的另一部分格外重要，也就是真正的投資必然滿足兩項條件：一是本金有一定程度的安全性；二是有令人滿意的報酬。他提醒讀者，沒有絕對的安全，不尋常或不適當事件都可能讓就算原本屬性最安全的債券變成廢紙。因此，投資人應該找的是在一般狀況下免於損失的安全。

滿意的報酬（即第二項要件）不只包括收益也包含了增值。葛拉漢指出，「滿意」是個主觀用語。回報可高可低，但不論多低，只要投資人聰明地行動並遵循投資定義就行。

若非債券市場表現太差，葛拉漢的投資定義可能會被大眾忽略。但在一九二九年到一九三二年間，道瓊債券平均指數從九七．七〇跌到六五．七八，購買債券不再被盲目地視為純投資。就像股票，債券不但大幅跌價甚至破產。因此人們亟需的是一個能將股票和債券的投資本質與投機性質劃清界線的流程。

葛拉漢將高明的投資簡化成一句箴言，他稱之為「安全空間」（margin of safety）。據此箴言，他試著整合所有的證券、股票和債券，理出單一的投資方法。

本質上，不論是什麼原因，當證券以低於內含價值出售時，就有了安全空間。「不管市場的水平，買進價值被低估的證券」，這在一九三〇與四〇年代是個全新的概念。

而就葛拉漢的觀點，替債券打造安全空間的概念並不困難。他說，不須精準算出公司的未來收益，只須注意收入與固定支出的差異如何。如果兩者差異夠大，即使公司收入無預警地減少，投資者也有所保障。例如，某分析師若檢視一家公司的營運紀錄，並發現過去五年平均收益是固定支出的五倍，該公司發行的債券就稱得上有安全空間。

真正的考驗是葛拉漢能否將此概念套用在股票上。他解釋，如果股價與公司內含價值的差異夠大，便能以安全空間的概念來選股。

葛拉漢承認，要系統性地運用這種策略，投資人必須有一套找出被低估股票的方法。也就是他們要會算出公司的內含價值。他對內含價值的界定如《有價證券分析》裡所言，即「由事實決定的價值。」事實就是公司的資產、收益、股息以及未來確定的機會前景。

葛拉漢認為決定公司價值最重要的因素就是「未來賺錢的能力」，這種計算必然不明確。簡言之，預估公司收益並乘以一個恰當的增值倍數（capitalization factor，也譯作資本因子），就可以找出公司的內含價值。但公司收入的穩定與否、資產、股息政策，以及財務狀況健不健康都會有影響，決定了這個增值倍數的大小。

葛拉漢要我們把內含因素當成一種捉摸不定的概念，它與市場的股價不同。以往內含價值被視為公司的帳面價值，或公司的實質資產減去負債。這種概念引導人們相信內含價值是固定的。然而，分析師後來了解，公司的價值不限於其實質資產，還要加上這些資產會帶來的收益價值。

因此葛拉漢說，重要的不在決定公司準確的內含價值，而在於投資人應接受大約的或估計的價值範圍。即使是粗估，也總比市場股價更能算出買進價格的安全空間。

葛拉漢說，投資有兩條規則：一是別賠；二是別忘了規則一。「別賠」哲學引出葛拉漢選股的兩種方法，以符合安全空間。第一是只買股價占實質淨資產三分之二不到的公司股票，第二是注意低本益比的股票。

買進價格不到實質淨資產三分之二的股票，完全符合葛拉漢當下的感覺，也滿足他「投資數學」上的期待。葛拉漢不重視公司的廠房、土地和設備。此外，他減除了公司長短期的負債，檢視剩下的流動淨資產。如果股價低於每股價值，葛拉漢認為這時就有了安全空間，可以放心買進。

他認為這是一種投資「防虧法」，但他承認在投資前靜候市場修正或許並不理性。他繼而設計第二種買股票的方法。他關注價格下跌、本益比縮小的股票。不過他強調公司還是必得有些淨資產價值，負債不可超過價值。

多年來，許多其他的投資者都在尋找估算內含價值的其他類似捷徑。葛拉漢首創的低本益比是最常用的。不過，我們知道單單靠本益比來做決策，不能保證獲益。現在，大部分的投資者都使用威廉斯已成經典的價值定義：任何投資的價值是未來現金流量的折扣現價。關於這一點，本章後面會詳加討論。

> 投資的基本觀念是把投資股票當成投資一項事業，在市場波動中找尋自己有利可圖的機會並預留安全的價格空間。這就是葛拉漢教我們的。一百年後這仍將會是關於投資的至理名言。
>
> ——巴菲特，一九九四年十二月六日對紐約證券分析師協會會員的演講

葛拉漢的兩種方法含有共通性：不論是買進低於淨值三分之二或買到低本益比的股票，他挑中的股票並不受股市的愛戴。一些大環境或小事件會造成市場殺低這些股票，使它們低於淨值。葛拉漢則堅信這些股票，「價格沒道理地過低」，所以值得買進。

葛拉漢這種想法是依據幾項假設。第一，他相信市場時常打亂股價，通常由人的恐懼與貪婪情緒主導。當行情樂觀時，貪婪拉抬股價以致超過公司內含價值，形成價格過高的市場。另些時候，恐懼使股價低於內含價值，形成低估的市場。他的第二項假設是根據「回歸平均」的統計現象，他誇張地引用羅馬詩人赫瑞斯（Horace）的名言：「倒下的多數會再立起，許多風光的人將倒下。」不管統計學家或詩人怎麼說，葛拉漢相信「一個無效率市場的修正力量也可以讓投資人獲利。」

費雪嚴選法則

當葛拉漢在撰寫《有價證券分析》時，費雪正開始他投資顧問的事業。從史丹佛大學商學研究所畢業後，費雪先進入舊金山的安格魯倫敦巴黎國民銀行（Anglo London & Paris National Bank）擔任分析師。不到兩年，他便出掌銀行的統計部門。就是在這個工作崗位上他見證了一九二九年的股市大崩盤。費雪之後加入當地一家證券行但沒什麼長進，便很快離開並決定投身投資顧問的事業。一九三一年三月一日，費雪的公司開始服務客戶。

在一九三〇年代初期，開設投顧公司似乎顯得有點魯莽，但費雪自認有兩大優勢。第一，崩盤後還有些餘錢的人，恐怕很不爽原有的證券公司。第二，在大蕭條中，生意人有的是時間與費雪坐下來長談。

還在史丹佛大學就讀時，費雪選修的某一門商業課要他陪同教授定期拜訪舊金山區幾家公司。教授會讓業務經理談一談他們的營運，並常幫他們解決手邊的問題。在駕車回史丹佛的路上，費雪與教授交換對拜訪公司與主管們的觀察。費雪說：「這個一週一小時的訓練讓我終身受益無窮。」

有了這些經驗，費雪開始相信人們可以獲得超高利益，只要能：一、投資具有高於平均潛力的公司；二、瞄準最有能力的公司管理團隊。為了找出這種公司，費雪發展出一套計分法，以業務和管理團隊的特質決定哪些公司能符合條件。

就第一項特質而言，潛力在平均之上的公司，最吸引費雪的就是公司的銷售額可以年年成長，而且成長率高於整個產業的平均。反推回來，成長通常由兩個因素促成，一是大力研發，二是銷售團隊傑出。公司能發展出一流的產品與服務，但仍有賴「專業銷售」，否則研發成果無法變成營收。

不過，就費雪的觀點，公司產品的市場潛力本身只決定了一半，另一半是公司是否能持續獲利。他說：「如果這家公司獲利不能隨銷售成長增加的話，銷售年年成長也不代表一定可投資。」費雪當然會檢驗公司的獲利率以及公司如何維持和改善獲利率，最後是公司的成本分析與會計控制。

費雪說，沒有一家公司能維持其獲利率，除非它能將業務成本分類，而同時了解製造流程中每一步驟的成本。他解釋，要做到這點，公司必須引進適當的會計控制和成本分析。費雪指出，這種成本資訊才能讓公司把資源用在最有經濟潛力的產品和服務上。不僅如此，透過會計控制能幫助找出公司營運中的阻力。這些阻礙或無效之處就像是早期的流程警告設計，可以保護公司的整體獲利。

費雪對公司獲利的敏感度還涉及另一考量，那就是不用增股籌資，公司未來也能成長。費雪認為，如果一家公司只靠賣股票成長，發行在外的大量股票會消化股東原本因公司成長而可實現的獲利。費雪解釋說，獲利率大的公司較能在內部籌資並維持成長，而不必稀釋現有股東的股權。

費雪挖掘一流公司的另一個雷達是檢視管理層的素質。他相信傑出的主管必然有意發展新產品和服務，在既有產品或服務無以為繼時，持續刺激成長。管理層應制定政策確保可以持續獲利十到二十年。不凡的主管可以執行公司長期規畫，又同時專注於日常營運。

費雪認為投資前要問兩個重要的問題：這家公司是否有品德無瑕又誠實的管理團隊？主管像是在替股東做好受託人的工作，還是只顧及自我的利益？

費雪表示，看出這些人真正企圖的方法就是觀察他們如何與股東溝通。各行各業，好或壞，都會經歷難以預料的困境。通常生意好時，管理層會開懷暢談；但業務下滑時，有些主管閉口不言。費雪指出，管理層如何應付困境，很能顯示這是一家什麼樣的公司。

他認為，公司想要成功，管理層必須打造與員工良好的關係。員工應真正覺得這是一家值得長待的職場。藍領工人應覺得受到尊重與禮遇。高階主管應覺得升遷是基於能力考量而非偏袒。

費雪也會考慮到管理層的深度。他會問，如果執行長帶領的是一群幹才，他能授權屬下處理部分業務嗎？

最後，費雪檢視公司特定的業務與管理層的特質，並與同行其他公司比較。在做這項研究時，費雪會試著找出一些線索，好讓他了解一家公司與其他對手相互比較時的優勢何在。

費雪認為光看公司的財報不足以做出投資決定。他解釋說，審慎投資的重要步驟是從熟悉該公司的人身上盡量挖掘公司的種種。費雪承認，這是種無所不問的手段，他甚至稱之為「八卦」；它或許等於今天我們所說的「公司小道消息」。費雪認為，如果處理得宜，八卦可以提供投資人確認絕佳投資機會的重要線索。

費雪為了打探小道消息，總是抱著訪談愈多人愈好的心態。他與顧客和銷售商交談；他也找離職員工和顧問談；他與大學科研人員、政府官員以及商會主管聯繫。雖然高階主管多半不願主動提供過多公司的內情，但費雪發現要他們談自己的競爭者卻總不乏話題。

多數投資人無意投入費雪這種積極了解公司的時間和精力。要形成「八卦網」並安排訪談都很費時，對每家公司都一樣東問西問誠然累人。於是費雪找到減少工作量的捷徑——減少持有股票的家數。他總是說他寧願持有少數優良公司，也不想持有平庸公司的股票。

事實上，費雪的投資組合中只有不到十家公司，通常三到四家公司的股票占了整個投資組合的七五%。

費信相信，投資人只要做對幾件事就能成功。其一就是只投資自己了解的產業內公司。費雪在早期曾經犯了這方面的錯誤。

他說：「我開始投資自認熟悉行業之外的事業，進入全新的業務領域，卻無足夠的背景知識了解發生的狀況。」

威廉斯的偉大計算

威廉斯一九二三年從哈佛大學畢業，接著進入哈佛商學院，在那兒他首次接觸到經濟預測和證券分析等知識。離開哈佛後，他替華爾街家兩家知名公司擔任證券分析師，在那兒度過了一九二〇年代的狂風暴雨、一九二九年可怕的崩盤及後續震盪。這些經驗讓他相信要成為好投資人還得通曉經濟。

因此，一九三二年他三十歲，已是個傑出投資人，仍然申請進入哈佛研究所就讀。他堅信經濟的變化會影響股票的價值，便決心在經濟學上拿個高等學位。

在選博士論文題目時，威廉斯求教於約瑟夫・熊彼得（Joseph Schumpeter, 1883-1950），他是知名的奧地利經濟學者，以「創造性破壞」理論著稱，當時在哈佛講授經濟學。熊彼得建議威廉斯試試以「股票內含價值」為題研究，他認為那正合威廉斯的背景以及經驗。

威廉斯後來表示，也許熊彼得用心良苦；該題目能讓他免於其他教授的追問。他說：「沒有一位教授會挑戰我對投資的個人看法。」無論如何，熊彼得的建議確實促成威廉斯寫出著名的博士論文，也就是《投資價值理論》（*The Theory of Investment Value*），財務分析師與投資人從此受此理論的影響至今。

威廉斯在一九三七年完成博士論文，論文還未進行口試，便將著作投稿到一家「麥克米蘭出版社」試探出版可能，此舉還惹火了數名教授。麥克米蘭無意出書，另一家麥格羅・希爾出版公司也婉拒。兩家出版社都認為該書裡有過多的代數符號。

威廉斯總算在一九三八年找到哈佛大學出版社的發行人同意出書，不過他必須分擔部分印刷費。兩年後威廉斯進行口試，過程中曾和教授們激辯大蕭條的肇因，最後獲得通過。《投資價值理論》確為經典之作。六十多年來，該書一直是多位著名經濟學家如尤金・法瑪（Eugene Fama，執教於芝加哥大學，一九七〇年提出「效率市場」的假說）、哈利・馬可維茲（Harry Markowitz，著有《現代投資組合理論》〔*Modern Portfolio Theory*〕）、弗蘭科・莫迪利安尼（Franco Modigliani，一九八五年諾貝爾經濟學獎得主）的立論基礎。巴菲特也稱讚威廉斯這本書為有史以來最重要的投資著作之一。

威廉斯的理論，今天普遍被稱為「股息折現模式」（Dividend Discount Model）或叫「折價後淨現金流分析」，這是估算股票或債券價值的一種方法。

就像許多重要的觀點都能簡化為易懂的概念，威廉斯理論的基本方法即是：若你要知道某支股票目前的價值，就以估計該張證券終身會賺到的現金並減去現在的價值。巴菲特也是根據這個理論估算股票和公司。

巴菲特並再將這個理論濃縮為：「企業的價值由該企業一生預期賺進的淨現金流量，再以適當的利息折價後，就決定了其現值。」威廉斯則是這麼說：「乳牛的價值在於牛奶，母雞在牠生的蛋，股票當然在於它的股息。」

威廉斯的模型是個二段流程。第一是計算現金流量以決定公司目前與未來的價值。要如何估算現金流量？方式之一就是去算付給股東的股息。對於不發股息的公司，威廉斯認為理論上，所有保留的利得最後都要變成股息。

而公司一旦達到成熟階段，不再需要把所得用來投資，管理層便能開始以分配股利的方式分享利得。威廉斯寫到：「如果保留的利得都做了成功的再投資，這些利得之後還是會生出股息，如果不是如此，那就成了損失的錢。簡言之，股票的價值全在於你能從它身上得到什麼。」

第二階段是將預估的現金流量打折，這裡或可以允許有些不確定。我們無法絕對明確地知道公司將做什麼，產品賣得如何，或管理層會做什麼、不做什麼以改進事業。這部分永遠有風險，股票尤其如此，雖然威廉斯的理論也同樣適用於債券。

那麼我們該以什麼折扣率去乘上現金流量呢？威廉斯對此並未明說，顯然他相信讀者能自行決定什麼才適用。

以巴菲特為例，他的計算標準是直接了當。他要不是以長期（指十年）的美國公債利率來算，就是在利率非常低的時候，以整體股市平均獲利率為基準。

換句話說，巴菲特使用的等於是「無風險的利率」（risk-free rate），間接修改了威廉斯原來的論點。由於巴菲特只買符合葛拉漢要求的有安全空間股票，便確保風險在交易時已有了保障，因此他相信可以在折扣上使用無風險利率。

有位投資家彼得．伯恩斯坦（Peter Bernstein）在他的《投資革命：華爾街理論起源》（*Capital Ideas*）一書中曾指出，葛拉漢的系統是一組規則，而威廉斯的股息折現模式是個理論，但「兩種方法最後都會建議買同類的股票。」

而巴菲特兩者兼用，成效顯著。

最佳拍檔蒙格

當巴菲特於一九五六年在奧瑪哈成立投資合夥事業時，手上可用的資金大約只有十萬美元。因此他最早的努力之一就是說服新投資人加入。他一如往常地以審慎而仔細的態度去找鄰居戴維斯夫婦，言談之間，戴維斯醫師突然打斷巴菲特並表示他們會投資十萬美元。巴菲特問為什麼？戴維斯說：「因為你讓我覺得你像查理．蒙格。」

「哪位查理啊？」

蒙格和巴菲特都在奧瑪哈長大，也有很多共同朋友，但兩人一直到一九五九年才相識。原本蒙格已遷居加州，但這時他因父殤回鄉。戴維斯醫師認為該是讓兩位青年見面的時候了，就在當地一家餐館宴請兩人。從此這兩人展開了一場不尋常的合夥關係。

蒙格父親是律師、祖父是美國聯邦法官，他本人在洛杉磯有相當成功的法律事業，但他依舊鍾情於股市及投資。兩人首次共進餐後便覺投緣，包括證券等話題無所不談。之後兩人經常聯繫，巴菲特常勸年輕的蒙格棄法律，投入金融界。有一陣子蒙格分別投入兩個領域。

到了一九六二年，蒙格成立一家與巴菲特相似的投資合夥公司，但仍從事他的法律工作。這家公司前三年就非常成功，後來他終於完全放棄法律業務，但該公司至今仍替他保留一間辦公室，門上還掛著他的名牌。

蒙格在洛杉磯的投資合夥公司與巴菲特在奧瑪哈的公司，兩者做法相似，都尋找價值被低估的股票。（他們的成果也不相上下，都大幅打敗道瓊平均指數。）不意外地，他們買了些相同的股票。

就像巴菲特，蒙格在一九六〇年代末開始買進藍籌印花公司（Blue Chip Stamps）的股票，最後成了該公司的董事長。當波克夏與藍籌印花於一九七八年合併時，蒙格成了波克夏的副董事長，至今未變。

事實上，蒙格除了擔任波克夏的副董之外，還身兼魏斯科財務公司（Wesco Financial）的董事長，波克夏持有魏斯科八〇%的股權，也持有多家類似金融機構的股份。從各個方面看，蒙格都像是巴菲特認可的共同管理合夥人和分身。想探究兩人到底是多親密的戰友，就得算算巴菲特說了多少次，「蒙格和我」做的、決定的、相信的、要知道這個或認為那個，「蒙格與我」就像是一個人的名字。

在兩人的合作關係中，蒙格不僅增益了財務敏銳度與商業法基礎。他也引進屬於知識分子的觀點，這點與巴菲特大不相同。蒙格對各領域的知識興趣濃厚，不論是科學、歷史、哲學、心理學或數學，他相信每個領域都藏著能被、也應該被思考縝密者所用的重要概念，不論他做什麼（包括投資決定），這些東西都有用。他稱這種概念為「大觀點」（big ideas），是他獻給投資人著名的「心理模型網格」（latticework of mental modes）概念的重心。

財務知識、法律背景和對其他學科的理解，這些特質加在一起，使他形成與巴菲特稍許不同的投資哲學。巴菲特仍在找尋以好價錢買進的機會時，蒙格則相信對好公司應付出合理價格，這方面他很有說服力。

> 以合理價格買進一家好公司，比以好價錢買進平庸公司好多了。
>
> ——巴菲特經常念茲在茲的一句話

蒙格說服巴菲特以三倍的帳面價值買下時思糖果公司（See's Candy），並且向他推薦這會是樁好買賣（詳見第四章）。巴菲特的思考從此展開板塊移動，他開心地承認是蒙格給了他新方向。不過這兩人都趕忙說，如果你看到一家好公司而且剛好能以折扣價買到，等於發了橫財，或許就像波克夏買進可口可樂，也是一筆削爆了的交易。

巴菲特與蒙格之所以能合作無間是因為兩人都堅守商業常識原則。像巴菲特度過了保險業低回報期，有陣子甚至拒絕接受保單；而蒙格擔任魏斯科執行長，在面對儲貸業一片混亂時拒絕放款。他們兩人都展現了經營高品質公司必備的管理長才。

波克夏的股東慶幸有這對絕佳的管理夥伴，在各種經濟環境中照顧他們的利益，替他們賺錢。而因為巴菲特欽定了公司「不得強迫退休」政策，看來波克夏的股東們可以一直受惠於這對聰明的投資心智，直到很久以後。

他們造就了巴菲特

葛拉漢在一九七六年過世後不久，巴菲特銜命繼續領航葛拉漢的價值投資法。事實上，巴菲特就是價值投資法的化身。原因不難理解。巴菲特是葛拉漢入室子弟中聲名最卓著者，但他向來公開表示多虧恩師教誨。即使到現在，巴菲特仍認為除了父親，影響他投資事業最深的就是葛拉漢。

那麼，巴菲特如何兼顧葛拉漢的教誨，卻又在一九七三年買進《華盛頓郵報》（*Washington Post*）、一九八八年買進可口可樂的股票？其實當時兩家都無法通過葛拉漢嚴格購買的標準，但巴菲特仍大買這兩家公司的股票。

早在一九六五年初，巴菲特便開始覺得葛拉漢買進低價股票的策略有所不足。巴菲特依恩師之說買進低於淨值公司的股票，但都成了賠錢貨。他以低價買進的數家公司股票（都符合葛拉漢買進的標準），之所以低價就是因為公司的主業糟透了。

從最早的投資失利，巴菲特開始棄守葛拉漢嚴格的規則。他坦承：「我變了，但整個轉型並不平順。」除了對其他公司做量的比較，他開始能以品質角度鑑賞某些公司。但儘管如此，巴菲特仍偏好尋找低價品，有時落個慘賠。他坦承：「我投資短線的農具製造廠丹普斯特農機製造公司（Dempster Mill Manufacturing）、美國第三大百貨公司（Hochschil-Kohn 公司）以及新英格蘭紡織廠（即波克夏）受到懲罰，也是我從這些公司的經濟狀況得到的教訓。」巴菲特放緩了投資轉型，他承認這是因為葛拉漢的傳授太有價值了。

在評估股票時，葛拉漢並不考量公司的細節，也不注意管理團隊的能力。他只研究公司的檔案與年報。只要在計算上股票的價格低於公司的資產並有利可圖，葛拉漢便買下該公司，不管它的業務和管理。為了提高成功率，只要計算結果可行，他能買就買。

如果葛拉漢所教的只限於這些本事，就不可能贏得巴菲特的敬重。但巴菲特因過度重視葛拉漢強調的安全空間理論，而忽略了恩師方法已出現的種種漏洞。即使在今天，巴菲特仍擁抱葛拉漢的主打觀點，也就是「安全空間」。巴菲特指出：「讀後四十二年，我仍認為這四個字是對的。」巴菲特從葛拉漢學到最主要的心得就是，成功的投資就是要能買到市價比潛在價值低很多的股票。

除了充實了巴菲特思考架構的安全空間理論，葛拉漢也教會巴菲特善用股市震盪後的亂象。股票既是投資也是投機，葛拉漢教育我們，投機乃因人們的恐懼與貪念所致。這些情緒多數投資人都有，造成股價飆高重挫，背離公司的內含價值，但安全空間就是這麼形成的。葛拉漢教巴菲特如果自己能超脫股市的情緒旋渦，便能在其他投資人行為失常時獲利，他們憑情緒而非邏輯買股票。

葛拉漢讓巴菲特學會如何獨立思考。如果是根據正確的判斷做出的邏輯結論，葛拉漢對巴菲特說，不必因為其他人不認同你便自我否定。他寫道：「不因為群眾不認同，而左右你的判斷。你對了是因為你的資料和理由正確。」

費雪則在許多方面與葛拉漢看法相左。費雪相信，要做出好決定，投資人必須充分了解公司。意思是說投資前要調查這家公司的各個方面。不只是數字，還得要知道公司業務本身，因為這方面的資訊關係重大。投資人也得要研究公司經營層的特質，因為管理團隊的能力會影響主業的價值。他們應該盡量認識公司所屬的產業以及競爭對手。各種資訊來源得都要充分利用。

一九九三年十月二十一日巴菲特上美國公共電視台節目「金錢世界」時被問到，會給剛任理財專員的新手什麼投資建議，巴菲特答道：「我會告訴他們做我四十多年前一樣的事，那就是設法認識美國所有公開上市的公司。」節目主持人史密斯反問：「但，共有兩萬七千家上市公司呢？」巴菲特說：「所以就從字母A開頭的公司開始吧。」

——摘自基爾派翠克（Amdrew Patrick）所著《關於永久價值》（*Of Permanent Value*）一書，一三三七頁

綜合說來，巴菲特從費雪那兒學到小道消息的重要。多年來巴菲特建立稠密的人脈網，幫他評估各家公司。費雪也讓巴菲特學到只集中注意力在幾個投資對象的好處。他認為，告訴投資人把蛋分放在不同的籃子以分散風險是錯的。他覺得股票買太多，最後會無暇顧及所有籃中的蛋。也因此，買股票前未花時間仔細研究公司的業務，其風險遠大於有限的分散。

威廉斯教巴菲特的是一套計算一家公司內含價值的方法，而這也是他投資方法的支柱。

葛拉漢與費雪顯然不同。葛拉漢是數量分析師，重視的是可計量的因素，例如固定資產、經常收益以及股息等。他的調查研究裡只看企業檔案和年報，不花時間於訪談顧客、競爭對手或高階主管。

費雪的方法正好與葛拉漢相反。費雪是品質分析師，重視的是能增加公司價值的因素，像公司願景與管理能力。葛拉漢只想買到低價的股票，而費雪想買的是內含價值長期會增加的公司。為此他不怕麻煩，包括進行廣泛的訪談、挖掘任何有助他選股的零碎資訊。

雖然葛拉漢與費雪的投資方法有別，但巴菲特指出：「（這兩種方法）在投資世界並行不悖。」在此若是容許我自行解釋，我認為巴菲特兩位老師父的技法不是「並行不悖」，而是前後銜接，相輔相成。巴菲特的投資方法兼顧了對企業與管理的品質理解（受教於費雪）

以及對價格與價值的數量認識（受教於葛拉漢）。

巴菲特曾經說過：「我是一五%費雪、八五%葛拉漢。」此語日後被大量引述，但要知道說話當時是一九六九年。其間的數年，巴菲特緩慢但明顯地往費雪理論靠攏——買進幾家特別好的公司的股票並持有數年。就我的直覺觀察，如果今天巴菲特要再發表類似一九六九年的那句話，也許這兩派師承的比重應該相當接近五〇%對五〇%了。

而毫無疑問，蒙格是幕後促成巴菲特往費雪思路靠攏的推手。

說真的，蒙格是費雪品質理論的積極擁護者。從一開始起，蒙格就看好生意的「價值」，並知道要付合理的價格。與巴菲特的長期合作過程中，蒙格一直強調付好價錢買好生意的道理。

然而在某個重要的層面，蒙格也是葛拉漢的化身。早年，葛拉漢告訴巴菲特情緒影響投資的兩個重要面向：一是促成人們做出不理性決定的錯誤，但也因此替那些不會掉進這個陷阱的人創造出許多機會。因為蒙格廣泛閱讀心理學，讓他得以發揚光大這套說法，並將其稱之為「誤判心理學」，我們會在第十一章深入討論。蒙格長期的堅持，終使波克夏在決策時必以此為主要考量，而這正是他最重要的貢獻。

我們可以就此理解，為什麼巴菲特特別尊奉葛拉漢、費雪、威廉斯和蒙格四人。

葛拉漢教了巴菲特投資的知識基礎、安全空間，並且幫他學會控制情緒，在市場震盪時謀利。

費雪教了巴菲特先進可行的方法，讓他找到好的長期投資以及長期管理投資組合，並教他只要專注幾家好公司就行了。

威廉斯教了他計算內含價值的數學模型。蒙格讓巴菲特認識到買進並持有好事業所帶來的經濟回報。

只要我們知道巴菲特綜合了四人所長，就不難理解為什麼看起來他的投資行為經常「前後矛盾」。

笛卡兒（Descartes）曾有句名言：「光有智慧不夠，重要的是能善用。」巴菲特強過其他投資經理人的地方就在於實踐。他的許多同儕智慧過人、懂自律也很專心，但巴菲特能勝過他們就是因為他能結合四位智者的策略，整合應用出一整套前後呼應的方法，這種能力無人能及。

第3章

我們的主業是保險

波克夏的投資觀點

你總是難免會賣出笨保單。笨保單的市場多的是。這種保單很麻煩，因為這種保費一進來，就沒有新的錢進來。之後，錢就只出不進。我們幹活可不是為了這。

——巴菲特——

當巴菲特合夥公司於一九六五年取得波克夏的經營權時，這家公司處於股價被腰斬、經營損失超過一千萬美元的狀態。巴菲特與負責紡織事業群的卻斯（Ken Chace）為了讓這家紡織廠好轉費盡心力，但結果不佳，股東權益報酬率（return on equity, ROE）仍然上不了一〇%。

所幸事情在最難處露出了一線曙光；巴菲特開始高明地處理公司的股票組合。巴菲特接手時，這家公司持有價值兩千九百萬美元的上市股票，到了年底，巴菲特已把股票市值增加到五千四百萬美元。到了一九六七年，公司業外投資的回報是整個紡織事業體本業收入的三倍，而紡織事業體的股東權益也膨脹了十倍。

然而，接下來的十年巴菲特必須面對某些事實：第一，紡織業本質上很難創造高股東權益報酬率。紡織是民生消費型商品，這種商品在本質上難與其他競爭商品區隔清楚，而外國的紡織廠商能以低廉勞工，獲得較高獲利。第二，要保留競爭力，紡織廠需要有大筆資金投入資本支出，在通貨膨脹時期，這件事光是聽起來就夠嚇人，如果遇上當時紡織生意收益又差，簡直就是一場災難。

巴菲特無意隱瞞難處，他在數個場合解說自己的看法。他說，紡織廠在當地雇用了最多人力，他們年老又難轉業，因此管理層必須更盡心，而工會也要講理。最後，他相信紡織業尚可以維持一些獲利。

但是巴菲特也明確要求紡織事業群，只做適度的資本投資，多賺些利潤。巴菲特說：

「我不會因為賺不了太多的錢便關掉一家公司，只求企業的獲利回報增高一個百分點。同時我也覺得不應該讓一家獲利超高的公司挹注一項長遠看來會無止境賠下去的事業。亞當斯密不會同意我的第一項看法，馬克思則不會支持第二項。唯一的選擇就是採取中庸之道，這也讓我感覺比較自在。」

一九八〇年的年報上指出，紡織事業群的前景不佳。當年董事長給股東的信，便不再以紡織事業群為開頭。次年，信中不再提紡織事業。接著發生的事可想而知，一九八五年七月，巴菲特結束紡織事業，百年老廠就這麼關了。

這次的經驗並不全然以失敗收場。首先，巴菲特學到了關於企業翻身的可貴教訓，那就是「做成功的人不多」。其次，紡織事業群在較早的幾年還能賺些錢，夠去買下一家保險公司，因此最終結果還是好多了。

保險事業起錨

一九六七年三月，波克夏哈薩威以八百六十萬美元買進兩家位於奧瑪哈保險公司的股票。一家是「國家償金公司」（National Indemnity Company），一家叫「全國火水險公司」（National Fire & Marine Insurance Company）。一段罕見的成功故事就此展開：波克夏紡織廠結束了，但波克夏的投資事業卻正要起飛。

要充分了解這段稀有的成功故事，我們必須了解持有保險公司的真正價值。保險事業有時是好投資，有時則不是；但它一定是好的投資工具。買保險的人付保險費，等於是源源不絕的現金進帳，這叫做「現金淨流入」（float）。

保險公司保留一部分現金（稱做儲備）支付每年的理賠，並經過最佳的估算後，把所剩的錢拿去投資。

保險公司為了要維持最高程度的流動性，也因為不知道到底何時要付理賠金，多數時候是去買易於交易變現的證券，主要以股票和債券為主。因此巴菲特買進的不只是兩家體質尚可的保險公司，也像是兩家管理投資的工具公司。

像巴菲特這麼老到的選股人，這簡直就是天作之合。兩年內，他把兩家公司共有的股票和債券組合從三千一百萬美元增值到近四千兩百萬美元。同時，保險事業也經營順利。一年內，全國保險公司的淨收入從一百六十萬美元增加到兩百二十萬美元。

巴菲特在保險業初嘗勝果，促使他大舉進軍保險業。接下來的十年，他加買了三家保險公司，自組了五家，而且他還不放慢腳步，到了二〇〇四年，波克夏已擁有三十八家保險公司，包括兩家規模最大的政府員工保險公司（Government Employees Insurance Company, GEICO；這家公司成立之初是針對政府員工及軍職人員提供汽車保險商品，後來成為一家一般汽車保險商品，故又稱為「GEICO汽車保險公司」），另一家是「通用再保險公司」（General Re），它們旗下又各有數家子公司。

GEICO傳奇

巴菲特還在哥大就讀時就與GEICO汽車保險公司有過接觸，因為他的恩師葛拉漢是該公司的董事長。巴菲特傳奇中有段故事常被傳誦：年輕的哥大學生巴菲特在週六早晨拜訪這家公司，他一直敲門敲到清潔工讓他進去。接著巴菲特花了五個小時學了一堂保險業的課，求教對象是當時唯一在上班的投資專員洛理默．大衛森（Lorimer Davidson），他老兄最後成為公司的執行長。那天他面授所學，深深觸動了巴菲特。

GEICO汽車保險公司建立在兩個簡單而公平的革命性概念之上。如果你只收駕駛紀錄佳的客戶，理賠就少；而如果你直接賣給顧客，不透過代理，則可以降低管銷費用。

回到奧瑪哈後在父親的經紀公司上班，年輕的巴菲特替一份財經刊物寫了篇報告，文中說：「有理由相信（GEICO）未來有大幅成長空間。」對那個十年而言，這種說法還是低估的。巴菲特投資該公司一萬零兩百八十二美元，次年漲了五〇％便賣出。但他從那時起便一直追蹤這家公司的動態。

歷經一九五〇和六〇年代，GEICO生意興隆，接著便開始下滑。有好幾年，公司試著擴大顧客源，降低投保門檻；連續兩年都嚴重錯估了該保留多少現金（用來理賠）。連番的經營錯誤使得公司在一九七〇年代中期瀕臨破產。

當GEICO股價在一九七六年從一股六十一美元跌到兩美元時，巴菲特開始買進。經過五年，他堅信這是一家體質強健的公司，其基本的競爭優勢未變，前後總共投資GEICO四千五百七十萬美元。

緊接著一九七七年，GEICO再度獲利。之後的二十年，GEICO保險公司承保事業年年正成長，收進保費高於付出的理賠，只有一年例外。在保險業，負成長是常態而不是例外，政府員工保險公司的紀錄可說前所未聞。大筆多餘的流通現金是公司投資的極佳資源，該公司把這些投資彈藥全交給一個叫盧・辛普森（Lou Simpson）的奇才處理。

到了一九九一年，波克夏持有近一半的GEICO股權（四八%）。這家保險公司耀眼的獲利表現吸引了巴菲特，績效持續攀升。一九九四年，波克夏內部開始審慎討論買下整個GEICO，一年後宣布拍板成交。至此，波克夏持有五一%的股權，同意支付二十三億美元買下剩下的股權。那時多數的保險公司都難以獲利，且多數的投資人避之唯恐不及。等完成所有的收購紙上作業時，已是一九九六年了。GEICO正式納入波克夏旗下，但獨立經營於波克夏其他保險控股公司之外。

雖然有一兩處不盡如意，但巴菲特對GEIC公司基本概念的信心得到豐碩的回報。從一九九六到二〇〇三年，GEICO在美國汽車保險市場占有率從二・七五%增加到五%。最不順的一年是二〇〇〇年，許多保險戶改投其他公司，而花費巨資（兩億六千萬美元）推出的廣告也未如預期帶進足夠的業務量。

到了二〇〇一年，情況穩定下來，二〇〇二年時，GEICO業績再度好轉，獲利與市占率都見成長。該年公司收進了六十九億美元的保費，比一九九六年的二十七億成長太多了，波克夏也在當年取得全面持有權。二〇〇三年四月，保險戶數衝破五百萬，開創公司新的里程碑。到了二〇〇三年末，五百萬的保險戶繳入公司的保費達八十一億美元。

也因為GEICO獲利率好，留住了更多長期保險戶；公司也把重點放在與顧客建立長期的關係。巴菲特一九九六年取得這家公司時，便推行獎勵長期關係的新制。一半的紅利與獲利分給至少投保一年以上的客戶，另一半用來開發新投保戶。

GEICO保險公司的客戶平均都投保一輛以上的汽車，他們還年年支付約一千一百美元保費，但仍維持良好的駕駛紀錄。巴菲特有一回說，GEICO的獲利模式說穿了很簡單：「錢只進不出。」

從早期一九七六年一股兩美元的低價到一九九六年巴菲特以每股七十美元買下公司其他的股權。他沒什麼好後悔的。他認為GEICO生意獨特並潛力無窮，值得花大錢買。就他看來，如果你想要最好的公司，機會來時就得不惜成本買進——在這件事上，巴菲特的事業夥伴蒙格發揮了主要作用。

如果你了解這兩人的工作關係有多密切，想必也猜得到蒙格對巴菲特的重大保險事業有多重要的發言權。

通用再保險公司

一九九六年巴菲特以二十三億美元買下GEICO另一半股權。兩年後，他以約七倍的金額（約值一百六十億美元的波克夏股票）又買進一家叫通用再保險的再投保公司。這該是波克夏迄今最大的一次併購，也有人稱之為波克夏有史以來最大條的事件。

一般人對保險業中的再保業務並不熟悉，因為它不受理一般人的人壽、房子和汽車保險。用最簡單的說法：再保險公司替保險公司保險。經由一紙合約，訂好保費與理賠如何分配，再保公司會分擔保險業者部分的風險。第一手保險業主（Primary Insurer）因此可承擔較高的風險（也就等於能收取更高額的保費），降低營業資金，並緩和賠損率。

而再保公司則分到部分保費，並伺機投資。通用再保險公司主要的投資是債券，而這是巴菲特買下它的主要考量之一。

巴菲特買下通用再保險時，它持有約值一百九十億美元的債券、五十億元的股票、一百五十億元的流動資金。以波克夏的股票買進這家公司及公司持有的巨額債券組合，巴菲特巧妙地把波克夏總控股從八〇％降為六〇％。當美國國稅局一九九八年末判定此合併案並沒有產生資本利得時，等於是讓他「賣掉」近二〇％的波克夏控股，技巧性地避免了嚴重的價格波動，還免稅。

合併後巴菲特唯一做的重大人事變動就是撤除了通用再保的投資部門。過去是一百五十個人負責決定公司的錢要投資什麼，現在全由一人取代，就是巴菲特本人。

波克夏買下通用再保險後，公司便進入險境。通用再保險期間內「正如其名」地理賠了自然災害（澳洲發生大雹暴、土耳其發生地震、歐洲遭遇連續災情嚴重的風暴），以及史上最大的住家火災、斥巨資製作但賣座差的電影（這家保險公司也承保票房）。更糟的是，通用再保險還屬於一個有勞資糾紛的保險集團一員，這場糾紛並轉為多重訴訟案件，一九九八和一九九九這兩年他們賠了約兩億七千五百萬美元。

事後顯示，問題出在通用再保險對自己的產品收費太低。別忘了，進帳的保費最後是要用來賠給保戶。當賠大於進，結果就是承保者蒙受損失。賠損金額與當年收到保費之比，叫做該年的「淨額成本」（cost of float）。保費與理賠若持平，淨額成本就是零，這是好事。最好小於零，或是負淨額成本，這都只發生在保費大於理賠時，能帶給承保公司利潤。因此「負淨額成本」其實是正面的：這時保險業者等於是替人保管資本還收費。

「現金淨流入很美妙」，巴菲特常這麼說，除非流進的成本過高。保費過低或賠損意外過高，都會負面影響淨額成本，而當兩者同時發生，淨額成本必然暴增。

通用再保險公司的最初情況正是如此，雖然跡象並不那樣明顯。巴菲特早在一九九九年便發現保單價格太低，也著手調整。這些改變不會立即顯現效果，二〇〇〇年通用再保險的保單業務損失為十六億美元，造成六%的淨額成本。

不過巴菲特在二〇〇〇年給股東的信上，仍表示情況在好轉，並預期還會變得更好。接著，他以嚇人但又不是有意的口氣預警：「如果未發生大災難，我們預期二〇〇一年（通用再保險公司）的淨額成本會降低。」結果六個月後，也就是九月十一日，一場完全料想不到的災禍讓美國人的心靈遭受重創。

在與二〇〇一年第三季報同時寄出的給股東的信上，巴菲特寫道：「超大災難並不意外，總有發生的時候，這也不會是最後一次。但我們過去並未以人為超大災難定過價，我們沒那麼做很愚蠢。」

巴菲特估計，九一一恐怖攻擊造成波克夏的總損失為二十二億七千五百萬美元，其中通用再保公司的損失就占了十七億美元。巨大的損失促成通用再保險的變革。這家公司採取了大動作，保證保單的價格正確，並保留足夠的儲備金支付賠償。這些改正做法隨後見效，二〇〇二年，經過五年的損失，通用再保險公司首度傳捷報，承保業務開始賺錢，巴菲特樂得在二〇〇二年的股東大會上說：「我們又好過來了。」

人人都知道巴菲特高瞻遠矚，以其招牌的坦蕩，率先承認沒看出通用再保險的問題。對觀察巴菲特的人來說，整個過程有點好笑卻也是個難解的諷刺，因為像巴菲特這種老手都漏看問題，保險業的複雜可見一斑。如果問題早就很明顯，我相信巴菲特不會以如此高價買進通用再保險。但我的理性也確定，他還是會買，因為他只看長遠。

再保業潛力大，而只要經營得當，再保公司能替股東帶來巨大價值。巴菲特比誰都清楚這點。

因此，即使通用再保訂價的錯誤曾帶來短期的麻煩，雖然他買進了這些附加的麻煩，但那不妨礙他根本的想法，那就是妥當經營的再保公司可以替股東創造極大的價值。身處此境，巴菲特的本能反應是解決問題，而不是丟下公司。

一如既往，巴菲特稱讚公司的主管重建承保的紀律，替保單訂出合理保費並留下足夠的儲備金。在二〇〇三年給股東的信上他寫道，由於他們的領導，通用再保險「將是波克夏未來獲利的主要來源。」

在寫本書時，通用再保險是唯二獲「三A評價」的全球大型再保公司，另一家三A公司也屬於波克夏，即國家償金公司的再保業務。

再保事業集團

今天屬於波克夏的全國保險公司再保業務部門，與巴菲特一九六七年買進時情況大為不同。變的是營運與範圍，不變的是基本哲學。

國家償金在其創辦人傑克．林瓦特（Jack Ringwalt）主持時並無再保部門的業務。今天，此部門由設於康州的辦公室經營，並帶給波克夏龐大收入。

再保業務集團由阿吉特．傑安（Ajit Jain）領軍，他生於印度，並在印度理工學院和哈佛大學完成學業。他最近笑稱，一九八二年初進波克夏時，還不知道再保的英文如何拼寫，但傑安帶領著一支優秀的專業團隊，年年受到巴菲特的褒揚。

以波克夏的財務實力，再保集團勇於承保其他公司，甚至是再保同業都自覺實力不足、難以承擔風險的投保標的。

一些引人注意的保險案，例如：替美國職棒的明星游擊手艾力克斯・羅德里格斯（Alex Rodriguez）與德州游騎兵隊（Texas Rangers）簽訂的天價契約中承保受傷險；或是承保十億美元的網路樂透「被人中獎險」。再保事業部門的某副總裁曾評論後一項業務：「只要保費大於中獎機率，我們就輕鬆接單。」

再保集團的承保業務規模並不亮眼，但獲利驚人。二〇〇二和與二〇〇三年的營收都明顯地成長。九一一恐怖攻擊後，許多公司與個人增加了保險，這波商機金額不小，但連著兩年皆未發生巨大災難。二〇〇三年，波克夏再保集團帶進四四・三億美元的保費，而全部的現金流入將近一百四十億美元。

也許更重要的，是該年再保集團的淨額成本是負三%，就是說沒有成本，只有獲利。這是因為再保集團在二〇〇三年承保獲利（保費大於理賠金額）十億多美元。不妨做個比較，GEICO承保獲利四億五千二百萬美元，總體再保險公司獲利一億四千五百萬美元。

難怪巴菲特提到傑安時會說：「如果你在股東大會看到傑安，請深深鞠躬示意。」

巴菲特對保險事業有獨到眼光。他的成功有很大部分是認知此行業本質上是一種一般商品，但他將他的保險公司提升成有獨占優勢的特許業。[1]

保險公司賣的產品與其他對手賣出的無異。保單已標準化，可以輕易模仿。沒有註冊商標、沒有專利、沒有地點或是原料的優勢。執照好拿，各家費率透明化。換言之，保險就是商品。

在一般商品的事業裡，殺價是搶占市場的利器。在激烈競爭時期，其他公司情願賠本也要賣出保單，不願看著市占率流失。巴菲特卻堅持：波克夏保險業務不可賠錢操作。過去只有一次賠錢的承保案發生在通用再保險公司——而那次巴菲特並不知情。

> 你總是難免會賣出笨保單。笨保單的市場多的是。這種保單很麻煩，因為這種保費一進來，就沒有新的錢進來。之後，錢就只出不進。我們幹活可不是為了這。
>
> ——巴菲特，二〇〇一年波克夏年度會議報告

由於無意在價格上競爭，巴菲特想的是突出波克夏保險公司的兩個業務面向。一是善用財務實力。就年收入和獲利而言，今天的波克夏保險集團在產物保險業的排名第二，僅次於美國國際集團（AIG）。此外，波克夏投資組合總額（三百五十二億美元）與保費額（八

❶「市場特許」業（franchise）此處並非指原字義的「連鎖企業」或加盟業，而是指某家公司販賣的商品並不特別，但因其獨到的經營或市場策略，因此建立了難以撼動的市場優勢。

十一億美元）之比，明顯高於產業平均。

與競爭者區隔的第二個方法涉及巴菲特的承保哲學。他的目標很簡單，就是只在合理價格下承做大量保險。如果價格低，他寧願把生意做小。全國保險公司創辦人林瓦特早就強調這點。

巴菲特說，從那時起波克夏便未動搖過這種承保紀律。通用再保險公司是唯一例外，它的低價拖累波克夏整體績效數年。當然今天這種不愉快的狀況不復存在。

波克夏超強的財務實力也使保險事業有別於同業。當競爭對手因怕賠錢而從市場退出時，波克夏在市場提供源源不絕的保險商品。也就是說，巴菲特要求波克夏各家保險公司的財務健全，使得保險從商品事業提升為獨占優勢的市場特許業。以一貫率直的口氣，巴菲特說：「我們的主業是保險。」這沒什麼好令人意外的。

波克夏保險公司的運作累積了驚人的現金，在二〇〇三年時達到四百四十二億美元。巴菲特對這筆現金的運用展現了他和公司的特質，我們將在下一章討論。

第4章

投資就是買事業

我們想要的事業必須是我們懂的、由我們喜歡的人經營，而且價格與公司的前景相對能吸引人。

——巴菲特——

波克夏這家公司多元但不複雜。它目前擁有約百家事業，比如第三章提到的保險公司，以及運用保險事業源源不絕的營收買下的各種非保險事業。他們也利用流入的現金買進債券與上市公司股票。貫穿這些投資決定的關鍵就是巴菲特平實地審視公司好壞的方法，根據評估後再吃下整家公司，或是買進部分股票。

但巴菲特相信這種做法之間並無基本差異。兩者都讓他成為公司股東，因此就他來看，兩項決定都要以當個「事業持有人」自居。這也是了解巴菲特投資法最重要的一點，買股票就是買進事業，都要奉守同樣的紀律。事實上，巴菲特真正喜歡的是直接持有公司，以便他去主導他認為這項事業上最重要的事，也就是公司資金的配置。但當股票價值較高時，他會選擇只買進公司的部分股權。

不論怎樣，巴菲特都奉行同一策略，他尋找能了解的公司，有長期獲利紀錄，遠景看好，資產回報好卻負債少，經營者誠實而能幹；價格是否吸引人對他也很重要。這種從持有人角度去看一項可能的投資是巴菲特投資法的根本。

> 我們想要的事業必須是我們懂的、由我們喜歡的人經營，而且價格與公司的前景相對能吸引人。
>
> ——巴菲特，一九九四年十月三十一日《財星雜誌》（*Dortume*）

因為從持有人的角度來操作，買股票就像是買公司，而買公司也的確像買股票。兩者根據的是一樣的原則，都能給我們重要的啟示。

這些原則會在之後詳談，它們形成我所稱的「巴菲特投資法」。幾乎是下意識地，只要他想買進某家公司的股票或整家公司，用的都是同一方法。讓我們回顧幾次過去交易的購買歷程，以便更能了解其中意涵。

事業版圖解讀

現今的波克夏公司其實就是一家控股公司。除了保險公司，它擁有報紙、糖果公司、冰淇淋/漢堡連鎖店、百科全書出版社、家具行、西部馬靴製造公司、寶石店、相框材料供應商、油漆公司、制服的製造與經銷廠、吸塵器事業、公共事業、幾家鞋廠以及知名的內衣公司等等。

這些公司（尤其是最近併購的），就是巴菲特以典型的巴菲特法找到的寶石，他在波克夏年報中建議買進。

他的標準很明確，亦即事業簡單可懂，有長期獲利能力、好的每股收益、債少並有良好經營團隊。他感興趣的公司資產在五十億到兩百億美元間，愈大愈好。挽救瀕危公司、惡意併購，及公司賣出要價未定等狀況，他都不感興趣。他要求被收購公司絕對守密，而且回應要快。

在波克夏年報以及給股東的信中，他常這樣解釋他的買進策略：「這種做法很科學，蒙格與我只要接著等電話響就行了，有時我們還會接到打錯號碼的傢伙。」而這種科學的方法也確實見效。透過公開資料研究或經由公司內主管的推薦，巴菲特因此買進多家成功的企業。有幾家已進入波克夏家族數十年，其過程也成為巴菲特傳奇故事的一環。

例如時思糖果店就自一九七二年加入波克夏家族。值得一提的是，這是巴菲特首次背離葛拉漢只買價值低估公司的鐵律。當時花的淨併購價是三千萬美元，約為時思帳面值的三倍。但時思沒有債務，這是個好決定。二〇〇三年，時思的稅前收益便達五千九百萬美元，幾乎是最初併購價的兩倍。

買下時思後的二十五年，在波克夏一九九七年的年報中，蒙格追憶：「我們首次為品質而買。」巴菲特也為此表示：「如果我們沒買時思，就不會買進可口可樂。」

波克夏信徒熟知的另一家公司叫做內布拉斯加家具商場（Nebraska Furniture Mart）。這家大型零售商始業於一九三七年的奧瑪哈，也就是巴菲特的故鄉，創辦者是布朗金（Ross Blumkin），這位俄國移民女性在家中地下室開始販售家具，並籌集了五百美元開了第一家小店面。一九八三年巴菲特付給創辦人（後來大家傳頌她叫B太太〔Mrs. B〕）五千五百萬美元，以買下內布拉斯加家具八〇％的股權。

現在的內布拉斯加家具大賣場共有三個零售區，占地一百二十萬平方呎，它的家用裝飾品銷售量全美第一。銷售量次大的是它於二〇〇二年堪薩斯城開的第二家賣場。二〇〇三年給股東的信中，巴菲特把堪薩斯城分店這項涉及四十五萬平方呎營運規模的成功歸功於這位傳奇的B太太，當時她仍在看管事業，直到一百零四歲壽終正寢。巴菲特寫道：「她留給我們的提醒就是『只要你的價格最低，顧客天涯海角都會找上門來。』我們店面服務的範圍是大堪薩斯區，位於人口最稀疏地帶，因此說明了B太太的話沒錯。我們的停車位雖然有二十五英畝，但經常客滿。」

一九八六年一月，巴菲特以三億一千五百萬美元買下史考特費澤企業集團（Scott & Fetzer Company），旗下有科爾比吸塵器以及世界百科全書，是當時波克夏做過的最大一宗企業收購。史考特費澤之後的績效甚至比巴菲特的樂觀預期還好。這是每股收益高而負債極小的組織典範，甚投巴菲特所好。事實上，史考特費澤的股東權益報酬率可輕易名列財星五百大的前五大。

史考特費澤旗下公司生產各種專門（有人認為無趣）的工業產品，但它們卻是波克夏不折不扣的搖錢樹。巴菲特買下後，史考特費澤已替波克夏賺回當時買公司投下的總額，營收還不斷增加。

近幾年，巴菲特對併購公司的興趣遠大於買股票。巴菲特如何開始對不同的企業感興趣，這件事本身就很有意思。也許更該指出的是，綜合這些故事可以讓我們看清巴菲特檢驗公司的方法，讓我們受用無窮。以下是最近收購的案例：

◆ **織造成果公司**（Fruit of the Loom），生產全美三分之一男士與男孩穿的內衣。二〇〇二年巴菲特以八億三千五百萬美元買下，扣掉因承接貸款得付的利息，其實真正購入的價格只有七億三千萬美元。

◆ **葛蘭公司**（Garan），童裝製造商，包括流行的服裝品牌葛蘭尼摩（Granimals）系列，二〇〇二年時波克夏以兩億七千萬美元收購。

◆ **美達克**（MiTec），生產建築結構硬體，二〇〇一年以四億美元收購。有趣的是波克夏至今只持有它九〇%的股權。另外的一〇%屬於五十五位主管，他們熱愛並想持有公司，巴菲特當初就是看上管理層這種創業的精神。

◆ **拉森朱爾**（Larson-Juhl），畫框材料的主要供應商，二〇〇一年波克夏以兩億兩千五百萬美元買下。

◆ **柯爾特商業服務**（CORT Business Services），出租高級家具給辦公室或是公司名下的公寓。二〇〇〇年波克夏以四億六千七百萬美元收購，也承接了該公司八千三百萬美元的債務。

◆ **班布里奇珠寶店**（Ben Bridge Jeweler），這家西岸連鎖店由同一家族經營了四代。波克夏當初收購的條件之一是必須由布里奇家族繼續經營公司。二〇〇〇年以未公開的價錢收購。

◆ **賈斯汀工業**（Justin Industry），製作西部馬靴（品牌有有賈斯汀、湯尼拉瑪〔Tony

Lama」及其他品牌），並以頂級實業（Acme）這個品牌生產磚塊。二〇〇〇年以六億美元收購。

◆**班哲明摩爾**（Benjamin Moore），生產塗料達一百二十一年之久，二〇〇〇年以十億美元買下。

◆**蕭氏地毯工業**（Shaw Industries），全球最大的地毯製造商。二〇〇〇年波克夏買下公司八七%的股權，二〇〇二年初再買下所剩的股權，總價為二十億美元。除了保險事業，目前它是波克夏集團中最大的公司，二〇〇三年營收為四億三千六百萬美元。

克雷登置屋（Clayton Homes）

生於田納西農家的克雷登（James Clayton），一九六六年借到了兩萬五千美元，開始做起可移動式房屋（mobile home）的生意。四年後克雷登置屋一年賣出七百個單位。克雷登目前是全美最大的成型屋（manufactured home）製造商，二〇〇三年的銷售金額為十二億美元。房子模型從最小的（五百平方呎、價格為一萬美元）到豪華型（一千五百平方呎賣十萬美元，配上硬木地板、不繡鋼電器用品，全套廚房）。

克雷登在全美共有九百七十六個零售點，其中公司門市有三百零二家，公司旗下的社區辦公室有八十六所，以及分散在三十三州的五百八十八個成屋社區。它也做房貸生意、貸款服務以及保險補助。公司在一九八三年上市，二〇〇三年八月被波克夏以十七億美元收購。

克雷登早年從困苦中學到經驗和教訓。他立志不要像父母一樣賺辛苦錢（父親摘棉花，母親在襯衫廠做工），克雷登在電台彈吉他供自己念大學，最後成為地方電視台綜藝節目的半工主持人，曾與名女歌星桃莉．芭頓同台演出。他還在大學就讀時，便開始賣舊車給兄弟會的同學，但生意在一九六一年因為銀行追討資金而無以為繼。他說：「我的父母認定我們大概要吃上牢飯，我也立誓絕不再受制於銀行，這個誓言我至今沒有違背。」

而買下克雷登置屋這家公司的經過可呈現出典型的巴菲特作風，也顯現了波克夏談併購公司時與其他人最大的差異。

故事的第一個重點是巴菲特稍懂此行。二〇〇二年波克夏買過另一家做可移動式房屋的橡木房屋公司（Oakwood Homes）的垃圾債券。

正如巴菲特坦言，當時他並不清楚投資界「消費性金融產品的殘酷」等現象，他補充：「我後來發現橡木很快就破產了。」

時間快速轉到二〇〇三年二月。田納西大學財務教授歐希爾（Al Auxier）帶著幾位企管碩士班學生到奧瑪哈會見巴菲特，巴菲特形容此次會晤是次「有失有得的兩小時」。而這是歐希爾第五次安排這種會晤，朝聖的學生也習慣帶分禮物給巴菲特。這次的禮物是《克雷登自傳》，克雷登的公司位於他母校所在地納克斯維爾。

讀完克雷登的書後，巴菲特打電話給克雷登的兒子凱文，他也是目前克雷登的執行長。巴菲特說：「當我與凱文交談時，我立即看出他能幹而直爽。我根據這本《克雷登自傳》、我對凱文的評價、克雷登公司的公開財務狀況以及我從橡木房屋學到的經驗，快速提出我的價碼。」兩星期後，波克夏宣布收購了克雷登置屋。巴菲特說：「我在電話中就達成交易，也沒去參觀公司。」

二〇〇三年春，巴菲特受邀出席田納西大學企管碩士班的一場研討會。他重提克雷登這樁買賣，並授予當初促成這項交易的幾位學生「波克夏哈薩威大學傑出及勤勉投資交易員」的頭銜，每位學生並分到一股波克夏B股，而他們的老師歐希爾則分到一股A股。

麥克林公司（McLane Company）

一八九四年羅伯．麥克林（Robert McLane）離開內戰後窮困的南卡羅萊納州，遷往德州卡邁隆（Cameron），開了一家小雜貨店。幾年後他的事業擴張，做起雜貨的批發和經銷。他的兒子羅伯（人們習慣用他中間的名字迪雷頓來稱呼他）於一九二一年加入公司。迪雷頓的兒子叫小迪雷頓，從九歲起便在自家公司打工，週六常在倉庫掃地度過青春期。大學畢業後，小迪雷頓全職替公司工作。

逐步地，小迪雷頓說服父親將公司搬到離州際公路較近的地方，並於一九六二年利用電腦將業務自動化。一九九〇年他把公司賣給網球球友沃爾頓（Sam Walton），麥克林於是成了沃爾瑪（Wal-Mart）的子公司，供貨給沃爾瑪與山姆會員量販店（Sam's Club），以及全美的便利商店和快餐店，從花生到義式辣腸等一應俱全。

到了二〇〇三年，麥克林成為全美街角小店和便利商店最大的配貨商。麥克林創新的訂價、出貨、裝貨、送貨到櫃台收帳處理軟體系統，以及一流的送貨服務使它成為一家精簡且服務全面的高效能送貨公司。

公司經營良好及有持續的獲利能力，正是巴菲特所樂見。二〇〇三年五月，波克夏宣布以十四億五千萬現金收購麥克林，並承接額外的十二億美元未清帳款。

收購讓麥克林事業的發展處於更有利的地位，可以自由爭取連鎖超商以及沃爾瑪的對手，例如連鎖平價百貨塔吉特（Target）與大樂（Dollar General）的供貨合約。巴菲特在二〇〇三年給股東的信上指出：「過去有些零售商不給麥克林生意做，因為東家正是他們的競爭對手。但麥克林傑出的執行長格雷迪．羅瑟爾（Grady Rosier）已打進這幾家零售商，我們收購時他已大有斬獲，未來還會打進更多公司。」

寵壞主廚（Pampered Chef）

一九八〇年，桃樂絲．克里斯多夫（Doris Christopher）這位前家政教授及顧家的母親，想利用彈性的空閒找份兼差掙點收入，但仍保留時間與兩個女兒相處。她決定善用專精的烹飪教學，在家展示銷售廚房用具。因此，她以壽險保單借到三千美元，到批發市場買了一百七十五美元自己鑑定過不錯的好產品，繼而要求一位友人在家主持展示會。

克里斯多夫在第一次展示會舉行前十分緊張，但結果一炮而紅。不僅大夥玩得高興，數位來賓也表示他們也想主持展示會。寵壞主廚就是這麼開始的，它利用在家聚會直接銷售美食廚具。

三十四歲的克里斯多夫沒有做生意的背景，以三千美元貸款在芝加哥家中的地下室開始創業。第一年她與丈夫合作，賣出五萬美元的產品，從此就這麼一路賣下去不再回頭。一九九四年寵壞主廚被《公司雜誌》（*Inc. magazine*）評為全美私營成長最快的五百家企業之一，克里斯多夫也被《職業婦女》（*Working Woman*）雜誌譽為五百大女企業主。

克里斯多夫相信沒有比家人共餐更能帶來天倫之樂，她就是秉持這份信念創業。這個信念從一開始便決定和主導了寵壞主廚的發展及主要銷售方式，她向家庭主婦友善而肯定地說，家庭生活品質與廚具品質息息相關。

這家公司裡有多位「廚房顧問」是全職母親，多數的銷售是在她們家中的「廚房展示會」完成。在展示會中，客人看到使用中的產品和食譜，快速學會食物的準備技巧，並優雅而輕鬆地學會當主人。產品是優質的專業廚具以及罐頭食品用具，其中的八成是公司的獨賣產品或者只能透過公司才能買到。

今天，寵壞主廚在美、德、英、加等地共有九百五十位員工，產品透過七萬一千餘位廚房顧問在家展示銷售。二〇〇二年公司在美國共舉行了上百萬次的廚具展示會，銷售額高達七億三千萬美元。公司唯一有過的債務就是草創的三千美元種子基金。

二〇〇二年，克里斯多夫了解如果她有不測或想放慢腳步，寵壞主廚要有個備案。因此在高盛證券金融顧問的建議下，她找上巴菲特。當年八月，她與當時的執行長希拉・歐康納庫柏（Sheila O'Connell Cooper）在奧瑪哈總部會晤巴菲特。一個月後，波克夏宣布收購這家公司，價格一般認為約九億美元。

談到這次會晤，巴菲特在給股東的信上寫：「我只花了十秒便做了決定，她兩人正是我盼望能合夥創業的經理人，我們立即成交。我參加過一次寵壞主廚的聚會，一眼便能看出這家公司生意興隆。公司的產品多半屬於獨有的，樣式大方也很管用，解說顧問知識豐富、工作用心。每個人都玩得開心。」

巴菲特常被問到未來想收購哪種類型的公司。他說：「首先我會避開通用型商品事業，以及讓我不放心的管理團隊。」他有三大基本要求：第一，必須是他懂的公司；其次，要經濟狀況良好；最後，得有值得信賴的管理團隊。他想買的股票也是這類型，理由也一樣。

投資股票

讀者與筆者大概都沒有像巴菲特一樣的條件買下整家公司。本章所講的這些公司的故事，只是想讓大家更加清楚巴菲特的思考方式。

他以同一思路決定買股票，也的確提供了一些一般人可以遵循的範例。我們也許無法像巴菲特一樣大手筆地買進股權，但單看他操作便使我們受益無窮。

二〇〇三年末，波克夏的持股市值超過三百五十億美元，比原始成本買價多出兩百七十億美元。這些股票中，波克夏持有可口可樂兩億股、吉列公司九千六百萬股、富國銀行五千六百多萬股。飲料、刀片、社區銀行都是我們熟悉的產品與服務。沒有什麼神祕、沒有高科技、沒有難懂的。巴菲特堅信，沒有道理去投資不懂的公司或行業，因為你無法算出到底有何價值或追蹤它們在做什麼。

可口可樂

可口可樂是全球最大的碳水飲料濃縮精與糖漿的製造商、行銷商和配銷商。公司的飲料早自一八八六年開始在美國販售，現在暢銷全球一百九十五個國家。

巴菲特與可口可樂的淵源可追溯至他的童年。他第一次嚐到可口可樂時年僅五歲。之後不久，他便以二十五分錢向祖父的雜貨店買進六瓶可樂，轉而以一瓶五分賣給鄰人。巴菲特坦承，接下的五十五年他發現可口可樂成長驚人，但他買的是紡織廠、百貨公司、風車與農具製造廠。即使到了一九八六年，他正式宣布櫻桃可口可樂是波克夏股東大會的正式飲料，巴菲特仍未買過一股可口可樂。一直到兩年後，一九八八年的夏天，巴菲特才首度買進可口可樂股票。

可口可樂的實力不僅僅在它的產品，其全球配銷系統也稱霸全球。今天，可口可樂產品在國際上的銷售占了全公司總銷售的六九％，占總獲利八〇％。除了可口可樂澳洲公司，公司也投資墨西哥、南美、東南亞、台灣、香港、中國大陸等地的可口可樂配銷廠（但這些分工廠，可口可樂並未百分百持股）。二〇〇三年公司共賣出一百九十億箱的飲料。

巴菲特說值得投資的事業是隨時有大量資金可用，而資本獲利又極高的公司。這句話說的就像是可口可樂公司。那麼，巴菲特說可口可樂是全球最有價值的獨占特許行業也就沒什麼好奇怪的了，畢竟可口可樂是世界上最知名的品牌。

可口可樂可說是展現巴菲特思維方式的範例。

我買的是事業而不是股票，而且是要我願意終身持有的事業。

——巴菲特，一九九八年在佛羅里達大學的演講

吉列公司

吉列是一家製造和經銷刀片與刮鬍刀、衛生與化妝用品、文具、電鬍刀、小型家電以及口腔保健用品的全球消費性產品公司。它在十四個國家設廠生產，並把產品配銷到兩百多個國家與地區。國際業務占了吉列六三%的銷售與收益。

吉列（King C. Gillette）在二十世紀初創業，年紀輕輕就老想著要怎樣發財。友人建議他該發明一種用完即丟，得再用新貨的產品。在前一個公司當銷售員的同時，吉列想到拋棄

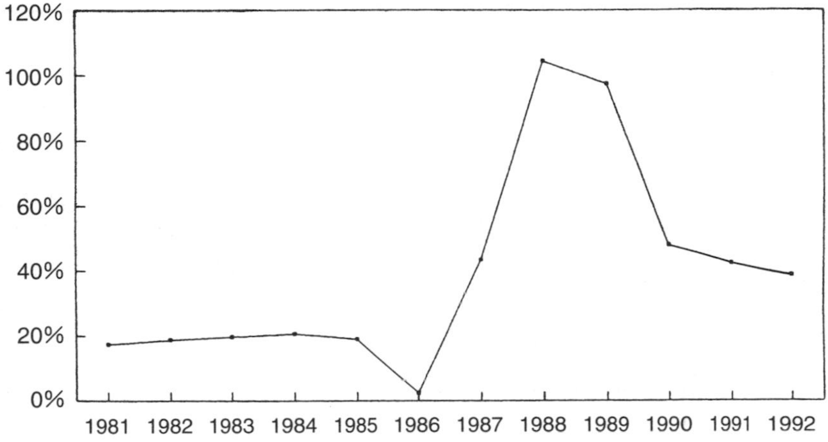

圖 4.1　吉列公司的資本報酬率

式刮鬍刀片。一九〇三年，他初創的公司開始販售一套五美元配有二十五片刀片的吉列安全刮鬍刀。

今天，吉列是全球製造和經銷刮鬍刀與刀片的大廠。刮鬍刀占了公司三分之一的銷售額，也占了三分之二的獲利。而它在全球的市占率是七二・五%，幾乎是次要對手的六倍，在歐洲的市占率是七〇%，在拉丁美洲占八成。在東歐、印度和中國大陸的銷售也蒸蒸日上。基本上，吉列在美國賣出一把刮鬍刀，在海外就賣出五把。事實上，吉列在全球的主導地位強勢到許多國把「吉列」翻譯成當地語言裡「刮鬍刀」的同義字。

巴菲特在一九八〇年代看中吉列。那時華爾街觀察家開始認為這家消費產品公司已趨成熟並成長緩慢，等著被接手。獲利率在九%至一一%間搖擺，每股獲利平緩看不出轉機，營收成長和市場價值不佳（見圖4.1與4.2）。簡言之，大家認為這家公司已經停滯不前。

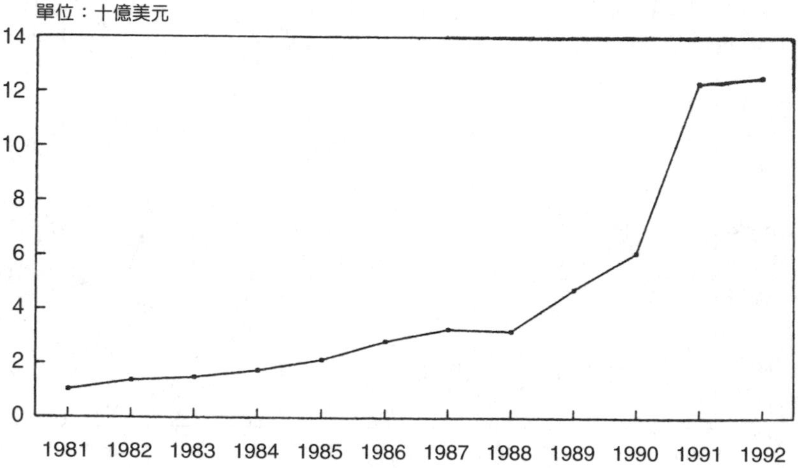

圖 4.2　吉列公司的總市值變化

執行長科曼・默克勒（Colman Mockler）在這段時間力抗四次有人想搶奪吉列經營權的企圖，一九八八年與康尼斯頓合夥公司（Coniston Partners）對抗的一役尤為慘烈。以致吉列險勝但也被迫以每股四十五美元買回一千九百萬股公司股票。在一九八六與一九八八年間，公司把十五億美元價值的股票變成債務，吉列一度成為淨負債的公司。

就在此時，巴菲特打電話給老朋友約瑟・西斯卡（Joseph Sisco），他是吉列的董事，並向西斯卡提議引進波克夏的投資。巴菲特說：「吉列的生意正是我們喜歡的那種。蒙格與我認為，我們了解該家公司的經濟狀況，因此相信我們能對吉列的未來做出合理、有頭腦的猜測。」一九八九年七月吉列發行總值六億美元的可轉換優先股給波克夏，並以此款償債。巴菲特收到年利為八・七五％的可轉換優先股，十年必須贖回，並可轉換為每股五十美元的吉列普通股，當時溢價約高於二〇％。

一九八九年巴菲特成為吉列董事。同年，吉列推出成功的新產品「感應式刮鬍刀」。公司從此好轉。隨著新產品大賣，吉列榮景一片。每股獲利成長到每年二〇%。稅前獲利率從一二%增加到一五%，股東權益報酬率達到四〇%，比一九八〇年代初增加了一倍。

一九九一年二月，吉列宣布將股票一分為二。波克夏將優先股轉換為一千兩百萬股普通股，占了吉列流通股票的一一%。兩年內，波克夏投資吉列的六億美元增值為八億七千五百萬美元。

吉列的刮鬍刀事業拜全球化之賜，更上一層樓。一般而言，吉列先推出低價並且獲利小的剃刀，接著推出改良刮鬍系統，並爭取較大的獲利空間。公司不但銷售額增高，獲利率也穩定成長。吉列前景看好。巴菲特說：「每晚睡前想想全世界有二十五億男子明天早上要刮鬍子，心裡就很高興。」

華盛頓郵報

今天的華盛頓郵報公司已是媒體集團，旗下有報紙發行、電視廣播、有線電視系統、雜誌出版以及教育服務設施。報紙部門發行《華盛頓郵報》、《艾維列（華盛頓）前鋒報》（*Everett* 〔*Washington*〕 *Herald*）；子集團公報集團（Gazette Newspapers）旗下還有三十九份週報；電視廣播部門則擁有六家電視台，分散在底特律、邁阿密、奧蘭多、休士頓、聖安東尼奧以及佛州的傑克森維爾等地；有線電視系統部門提供數位影像服務給十三億多的訂戶；雜誌部門發行《新聞週刊》，該刊美國境內發行量為三百萬份，國際訂戶則有六十萬。

除了上述四大部門，華盛頓郵報公司還擁有史丹利·凱普蘭教育中心（Stanley H. Kaplan Educational Centers）這家大型教學網，提供準備進大學的入學考試和專業執照考試等訓練。其中以幫助高中學生考好學術性向測驗的課程最著名。近幾年凱普蘭快速擴張業務，現在它擁有安親班、全球唯一被承認的線上法學院、給工程師與執業財務分析師的考試教材、在實體校園授課的企管、財務、技術、健康以及其他專業的學校。二〇〇三年凱普蘭的總營業額為八億三千八百萬美元，在郵報集團中舉足輕重。

此外，還擁有考勒斯媒體公司（Cowles Media）二八%的股權，這家公司發行《明尼亞波利斯星報》（*Minneapolis Star Tribune*）和數家軍事報；郵報集團也持有洛杉磯—華盛頓新聞服務公司（Los Angeles-Washington News Service）五〇%的股權。

今天，華盛頓郵報公司資產高達八十億美元，每年銷售額為三十二億美元。與七十年前相較，更顯出當前成績有多麼得來不易。當年，公司草創時只發行一份報紙。

一九三一年，《華盛頓郵報》是五家互搶發行量的日報之一。兩年後，郵報付不出印刷費，被法院監管。夏天，公司被拍賣以平債主之怒。有錢的金融家邁耶（Eugene Meyer）以八十二萬五千元買下它。接下來二十年，他一直支持著報紙的營運直到賺錢。

郵報的管理工作交到哈佛畢業的優秀青年菲爾·葛蘭姆（Philip Graham）手中，他娶了邁耶的女兒凱瑟琳。一九五四年葛拉漢說服邁耶買下對手《時代前鋒報》。隨後，葛拉漢在一九六三年不幸身故前，又貲下了《新聞週刊》以及兩家電視台。將《華盛頓郵報》從單一報紙轉型為媒體和傳播公司的功臣就是葛蘭姆。

葛蘭姆死後，遺孀凱瑟琳接手。之前她雖無管理大企業的經驗，但很快在處理業務難題上顯示出她的過人之處。

凱瑟琳了解公司成功需要依靠的是決策者而非保母。她說：「我很快就發現天下不太平，你得做出決定。」影響《華盛頓郵報》的兩大決定是聘用班．布萊德里（Ben Bradlee）為報社的總編輯，並邀請巴菲特出任公司董事。布萊德里鼓勵凱瑟琳公布五角大廈報告並追蹤報導水門案，使《華盛頓郵報》獲得普立茲新聞獎。巴菲特則教凱瑟琳如何經營成功的企業。

巴菲特於一九七一年首次與凱瑟琳會面。當時，巴菲特持有《紐約客》雜誌（*New Yorker*）的股票。聽說該雜誌有意出售，他問凱瑟琳《華盛頓郵報》是否有興趣收購。雖然這項交易並未實現，但巴菲特留給這位女發行人相當深刻的印象。

同年，凱瑟琳決定讓《華盛頓郵報》公開上市。推出兩類股票。A類是普通股，選出董事會多數的成員，能有效控制公司。A類股基本上仍由葛蘭姆家族控制。B類股選出少數的幾位董事。一九七一年六月，《華盛頓郵報》發行一百三十五萬四千股B股。兩天後，在聯邦政府威脅下，凱瑟琳勇敢地同意布萊德里刊出五角大廈的報告。

接下來兩年，報社的業務成長，但華爾街的氣氛持續轉壞。一九七三年初，道瓊工業平

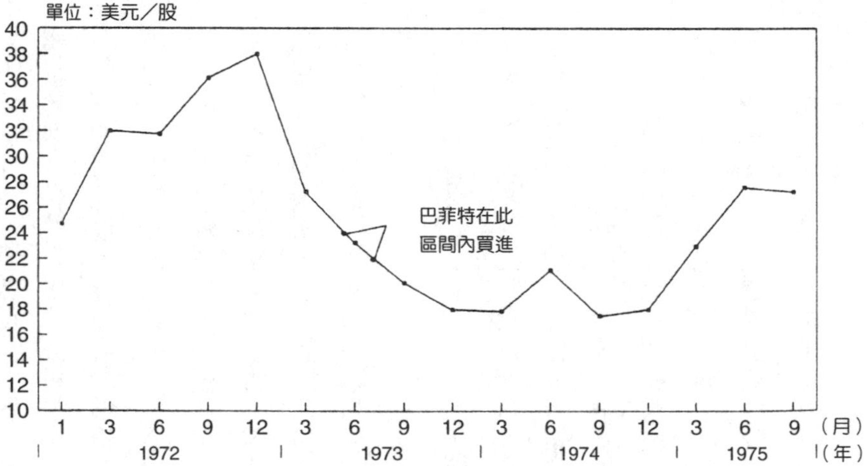

圖 4.3　1972-1975 年華盛頓郵報公司的股價

均指數開始下滑。《華盛頓郵報》股價也跟著下跌，到了五月，共下跌了一四％，每股剩二十三美元。在同一個月，IBM的股價跌了六九％，看來還能保值的黃金每盎司則衝破一百美元，聯準會把貼現利率調高到六％，道瓊下跌一八％，是那三年內最大的跌幅。值此同時，巴菲特快速買進《華盛頓郵報》（見圖4.3）。到了六月，他共吃進四十六萬七千一百五十股，平均價格為每股二二·七五美元，價值一千零六十二萬八千美元。

凱瑟琳一開始對於非家族成員擁有如此大量的股權甚感不安。於是巴菲特向凱瑟琳保證，波克夏純為投資而買進股票。而為了進一步讓她安心，巴菲特大方地讓她兒子唐納德·葛蘭姆（Donald E. Graham），也就是公司未來的掌門人，代表波克夏出任一席董事。這招管用，也贏得凱瑟琳善意的回應，她於一九七四年邀請巴菲特加入董事會，很快又請他擔任財務委員會的主席。

凱瑟琳於二〇〇一年七月離世，死於摔傷造成的腦部重創。巴菲特還在她的喪禮中擔任接待人。

葛蘭姆和凱瑟琳的兒子唐納德目前是華盛頓郵報公司的董事長。一九六六年他以優異成績從哈佛大學畢業，主修英國歷史與文學。畢業後服役兩年，心裡明白要擔起領導《華盛頓郵報》的重責，唐納德決定要深入認識華府。但讓人想不到的是，他先加入華府市警局，擔任巡邏警察十四個月，負責第九區的路線。一九七一年唐納德開始在《華盛頓郵報》跑市政新聞。之後，他在《新聞週刊》的洛杉磯辦事處做了十個月的記者。一九七四年重回郵報成為體育版助理編輯。該年他成為公司的新董事。

巴菲特在《華盛頓郵報》的角色被廣泛報導。他協助凱瑟琳熬過一九七〇年代的勞工罷工風潮，也教導唐納德生意之道，幫他了解管理層的角色以及對老闆的責任。唐納德說：「在財務上，他是我見過最聰明的人，次於他的人是誰我就不知道了。」

從另一方面來看，郵報也讓巴菲特更上層樓。金融記者安德魯・克爾派翠克（Andrew Kilpatrick）追蹤報導巴菲特的事業多年，他認為，投資《華盛頓郵報》「大幅提升了巴菲特的聲望，使他成為投資大師。」波克夏從一九七三年開始買進《華盛頓郵報》股票後，至今一張也未賣出過。二〇〇四年，郵報B股賣價為一股九百多美元，成為紐約股票交易所第二貴的掛牌股票。波克夏持有的郵報股票價值超過十億美元，所以巴菲特原始投資價值漲了幾十倍。

富國銀行

一九九〇年十月，波克夏宣布買進五百萬股富國銀行的股票，每股買價為五七．八八美元，總投資額為兩億八千九百萬美元。買進後，波克夏成為富國最大的股東，持有一〇%的流通股。

巴菲特這次動作引發不少爭議。當年較早時，富國的交易價為每股八十六美元，接著因為投資人集體拋售加州的銀行股，而使股價急跌。當時，西岸陷入嚴重的蕭條，有些人猜測銀行慘了，因為它們的放款多半卡在商業與住宅不動產上。而富國銀行在所有加州銀行裡，擁有最多的商業不動產，它被認定為最脆弱的一家銀行。

波克夏宣布後幾個月，富國銀行之爭活像場重量級拳賽。台上的一角是巴菲特，看好富國的價值會增長，砸下兩億八千九百萬美元。另一方則看空，認為富國該年已下挫了四九%，必然會持續走跌，因此放空富國股票。其他的投資人則坐觀這場較勁。

一九九二年波克夏還兩度加碼富國，至年底共投入六千三百萬美元。股價已回漲到一股一百美元，但空方仍認為富國股價會腰斬。巴菲特持續提高部位，到了二〇〇三年底，波克夏共持有五千六百萬股，市價總值四十六億美元，總買價為二十八億美元。二〇〇三年，權威的「穆迪評等」給了富國「三A」的信用評等——全美只有這家銀行獲此殊榮。

智慧型投資人

巴菲特投資哲學裡最明顯的特質就是：持股就如同擁有一項事業而不是幾張股票。巴菲特說，買股票卻不知公司營運功能，例如它的產品和服務、勞工關係、原物料花費、廠房與設備、資本支出要求、庫存、應收帳、營運資金需求等，那實在太荒謬了。這種心理反映了事業持有人與股票持有人不同的態度，投資人可以有的只能是這種心理。在《聰明的投資人》的結論裡，葛拉漢說：「愈商業化的投資愈需要智慧。」巴菲特則形容葛拉漢這句話：「是有關投資著作中最重要的一句話。」

持股人可以成為事業持有人也可以淪為擁有可交易的證券者。普通股持有人若自認不過是擁有「幾張有價文件」，他就不會去看公司的財報狀況。這些人的行為裡透露著他們認定股市的變化要比公司的資產負債表和損益表還準確。他們買賣股票就像是玩牌。對巴菲特而言，股票持有人與企業主的行為密切相關。兩者都該以同一方式來看企業持有權。巴菲特說：「我因為是生意人所以我是較好的投資者，我是投資者所以我是較好的生意人。」

巴菲特投資法

◆事業守則

一、這項事業是否簡單易懂？

二、這項事業是否有一貫的營運紀錄？

三、這項事業長期遠景是否看好？

◆管理團隊守則

四、管理團隊是否夠理性？

五、管理團隊是否坦白對待股東？

六、管理團隊能否獨排眾議？

◆財務守則

七、股東權益報酬是多少？

八、公司「業主盈餘」（owner earning）為何？

九、獲利率多少？

十、公司每保留一美元能否至少創造一美元的市場價值？

◆價值守則

十一、這家公司的價值為何？

十二、能否以相當便宜的折扣價格買到它？

第5章

這門生意如何？

事業守則

我想要買的事業要好到即使是個蠢蛋經營也能賺錢。

——巴菲特——

我們開始要談最重要的事，也就是巴菲特怎麼看投資。巴菲特在股市聲名顯赫，即使股市門外漢也聽過他的大名。另外一些偶而翻翻報紙財經版的人，或許知道他是一家奇怪公司的老闆，公司一股要賣九萬美元。而許多專注股市新聞的投資新手，基本上也只知道他選股高明。

沒有人否認這位全球最知名、最成功的投資人確實是選股高手。但這種看法其實嚴重低估了他。巴菲特真正的天賦是會選公司。我是指從兩方面來看，一是波克夏除了股票組合令人豔羨之外，旗下還持有多家公司；二是考慮買新股時，巴菲特像要買整家公司一樣地去檢視公司的主要業務，並採用一套經得起多年考驗的基本原則。他說：「投資時，我們便把自己當做企業分析師，而不是市場分析師或總體經濟分析師，更不是證券分析師。」

如果時光倒流，我們回顧巴菲特所有的買進，找出共同性，便會發現有一套基本原則或守則，引導著他的投資。我們會看到它們很自然地歸納成幾類方法：

一、事業守則：有關公司事業本身的三個主要特質。
二、管理團隊守則：公司高階主管必須展示的三個最重要的品質。
三、財務守則：有關公司必須要做的四個重要財務決定。
四、價值守則：考慮買進價格時兩項互為相關的準則。

不過，並非巴菲特每次買進都依據上述守則，而是這些守則形成他投資法的核心；也可做為所有投資人的準則。本章，我們先看第一類「事業的特質」，並研究巴菲特如何以此守則做出幾次投資決定。

> **我想要買的事業要好到即使是個蠢蛋經營也能賺錢。**
>
> ——巴菲特，一九八八年四月十一日《財星雜誌》

巴菲特視股票為抽象概念。他不以市場理論、總體經濟或類股趨勢來看股票；而是根據應該如何經營事業來做出投資決定。他相信，如果人們因為表面上的理由做了投資而不是根據企業的基本面，那麼只要一出現不好的狀況就會被嚇跑，最後一定是賠錢。巴菲特則是對於考慮想買的事業盡可能去掌握狀況，集中注意力在三大領域：

一、這個事業簡單易懂嗎？
二、事業有長期經營的歷史嗎？
三、這個事業前景看好嗎？

簡單易懂的公司

就巴菲特看來，投資人能否賺到錢，要看他們對「投資」的理解有多少。這種理解，就是事業取向型的投資人有別於短線操作型投資人的明顯特質，後者只是買進股票。為什麼這對買或不買的決定如此重要？理由是，做完研究後，最後投資人都會相信他們將要買進的事業未來表現一定會更好。他們對於公司未來的獲利估算必然有些信心，而這與他們對公司的基本面了解多少息息相關。預測未來不會十拿九穩，但當你對某領域一無所知時，就會變得格外困難。

多年下來，巴菲特持有各種事業，包括加油站、農具公司、紡織廠、大型零售商、銀行、保險公司、廣告代理商、鋁與水泥公司、報紙、石油、礦產和開礦公司、食品、飲料、菸草公司、電視與有線公司等。這其中的幾家由他控制，另有幾家過去或現在他只是小股東。但不論哪一家，過去或現在他對公司的營運都瞭若指掌。在波克夏控股公司名下的每家公司，巴菲特都知道它們的營收、現金流量、勞工關係、價格彈性、現金配置需求。

巴菲特能長期深入掌握波克夏事業的狀況，是因為他特意挑選在財務和知識上足以應付的公司。他稱這是他的「核心能力範圍」。他的邏輯性強，他認為如果你持有一家公司，而又不懂公司所屬的行業，就不可能準確地解釋事業發展，從而無法做出明智決定。他說：「在你能力範圍內投資，重點不在範圍要多大，而是你如何界定範圍。」

不同意的人認為巴菲特自我設限，無異是把最有發展潛力的行業拒於門外，如科技業。他曾說，投資成功不在於知道多少而是如何真實界定你不懂多少。「只要避免犯大錯，投資人並不需要做什麼事。」

巴菲特知道，他的投資能夠優於平均，多半是來自做些平常的事。關鍵是要把這些平常事做得極好。

可口可樂

比如說，可口可樂，它的事業相對其他許多行業而言，算是簡單的。這家公司買進幾種商品，並合成製造出濃縮液，再把濃縮液賣給飲料公司。這些飲料公司又把濃縮液配上其他成分，然後把成品賣給零售點，如迷你商店、超市、販賣機等。可口可樂也販賣飲料糖漿給零售店，店家再把飲料論杯賣給消費者。

這家公司的品牌產品包括可口可樂、健怡可樂、芬達等。公司的飲料還包括水果飲料、柳澄汁等。該公司持有可口可樂企業（全美最大瓶裝飲料廠）四五％的股權，可口可樂澳洲分公司三五％的股權，此為澳洲瓶裝飲料廠，銷售地區不限於澳洲，還包括紐西蘭和東歐。

可口可樂的實力不僅有知名產品，還有無可匹敵的全球經銷系統。今天，可口可樂產品的國際業務占了公司淨銷售額的六九％，占盈利的八〇％。除了可口可樂澳洲分公司，可口可樂在墨西哥、南美、東南亞、台灣、香港、中國大陸也都有設廠。

報業經營非生手

巴菲特的祖父曾持有內布拉斯加州西點市的一份週報《克明郡民主黨報》並負責其編務。他的祖母在報社幫忙，也在自營的印刷廠排版。他的父親就讀內布拉斯加大學時便在《內布拉斯加人日報》當編輯。巴菲特本人曾在《林肯日報》擔任過發行部經理。人們常說巴菲特若未在商場發展事業，就會去從事新聞工作。

一九六九年，巴菲特首次買下一家大報《奧瑪哈太陽報》，以及幾份週報；開始充分體驗報業的活力。在他買進《華盛頓郵報》的股份前，已親自經營了四年的報紙。

重點個案：班傑明摩爾

二〇〇〇年十一月巴菲特與波克夏支付十億美元給油漆業翹楚班傑明摩爾公司（Benjamin Moore & Co.）。摩爾兄弟於一八八三年在紐約布魯克林家中的地下室成立這家公司，現在它已成為美國第五大產漆商，其品質更是無人能及。

據報導，巴菲特支付高於市場二五%的價格買進。表面看來，似乎違背了巴菲特的鐵律（只在價格低到出現安全空間時才出手）但我們也知道巴菲特不惜高價求高品質。更有意思的是，交易公開後，股價漲了五〇%，成為每股三七．六二美元。這告訴我們，要不是巴菲特又找到一家被低估的公司，就是其他投資人也把籌碼壓在巴菲特的準確判定，跟著買進拉高了股價，或兩者皆是。

班傑明摩爾正是巴菲特喜歡的公司。油漆事業最簡單易懂了。它是美國最大的油漆商之一，該公司的特別漆排名第十，所產的建築漆如果不是全美最好，也排得上是最好之一。公司不只品質風評好，建築商更把班傑明摩爾的漆色當做他們行業的黃金標準。事實上，他們發展出第一套電腦調色系統，至今仍被當成工業標準。油漆的顏色約有三千兩百種，他們的產品的色澤總恰到好處。

巴菲特看中的多半是有長期經營歷史的公司，也因此在收購公司時，他不希望公司太多改變。他的一貫模式是買進經營成功並仍有成長潛力的公司。

班傑明摩爾當時的成功以及在市場數十年的地位，說明公司具有持續的生產品質、產能、品牌實力以及服務。在創立一百二十一年後，這家公司現在一年的銷售額為九億美元，帶進八千萬美元的獲利。

在巴菲特眼裡，班傑明摩爾也是一家營運良好的公司。雖然幾年前摩爾的零售策略引起質疑，但公司在美國與加拿大已採取了全新的再造行動。班傑明摩爾推出了「特約商店專案」——在獨立經營的店家裡增加貨品擺設，並乾脆買下幾家零售店面販售自家產品。在二〇〇〇年被波克夏收購前，公司也執行了降低成本和精簡人事等改進方案。

這些都使公司的前景更美好。班傑明摩爾是把商品變成市場特許業的典型公司。巴菲特對這種企業的定義就是該公司產品被需要或渴求，沒有可替代的相似品，同時未受管制。

建築業多數的人會同意班傑明摩爾在這三方面都是強項。想想這家公司的實力，它有超過百位化學家、化學工程師、工程師以及支援幕僚，同心齊力維繫公司嚴格的產品標準並開發新產品，班傑明摩爾的油漆不太可能變成會消失的商品。摩爾的所有產品都需要通過隨時進行的嚴格測試，這說明了班傑明摩爾將持續界定行業標準。最後，儘管班傑明摩爾產品的價格不低，但品質替價格說話，沒有人說它太貴。

富國銀行

巴菲特很懂銀行業。一九六九年，波克夏買下伊利諾國家銀行暨信託公司（Illinois National Bank and Trust Company）九八%的股權，一直持有這家公司到一九七九年美國銀行控股法要求波克夏分散利益為止。在此十年間，這家銀行的地位與波克夏控制下的其他公司一樣，巴菲特會在波克夏的年度股東大會上報告它的營收與獲利。

就像林瓦特教巴菲特認識保險業的曲折內情（見第三章），伊利諾國家銀行的董事長艾比吉（Gene Abegg）帶領巴菲特一窺銀行業堂奧。

巴菲特因此懂得銀行會是個賺錢行業，只要放款理性、控制成本。經營良好的銀行不僅獲利可以成長，也會有相當可觀的股東權益報酬率。

但關鍵是在「經營良好」。巴菲特學到，銀行的長期價值要看經理人如何操作，因為他控制了兩個重要變數，即成本與放款。差的經理人能拉高成本並做出愚蠢的決定；而好的經理人總設法降低成本並很少放出高風險的貸款。

富國銀行的董事長卡爾・雷查德（Carl Reichardt）從一九八三年起便營運該銀行，成績斐然。在他的領導下，富國的獲利成長以及股東權益報酬都高於平均，營運效益為全美一流。雷查德也讓銀行的放款狀況十分穩當。

重點在於穩定一致

不論何時巴菲特都冷眼看待「熱門」股。他更關心的是買到長期能成功和獲利的公司。雖然預測未來不可能全準，穩定的績效紀錄卻是相對可靠的指標。當一家公司年年在某項產品上做出同樣的成績時，認定這種成績可以持續下去並不為過。

這是說，只要沒有出現重大的變化。巴菲特避免去買基本方向常改變的公司，因為它們之前的計畫未成功。經驗告訴他，事業進行重大改變，增加了犯大錯的可能。

巴菲特觀察到：「重大變革與超高獲利通常無法水乳交融。」不幸的是，許多個人的投資行為正好與此相反。他們經常搶進正在進行企業改造公司的股票。巴菲特說：「不知是什麼原因，這些投資人著迷於明日的承諾，卻忽略了今天的事業真實。」相反的，他的捷徑是「從穩定中獲利。我喜歡這樣。」巴菲特說。

巴菲特也有意避免正在解決大問題的事業。經驗教他，反虧為盈常常反不過來。費力氣以合理價格買到好事業要比低價買進困難事業更有利可圖。巴菲特承認：「蒙格與我還沒學會解決困難企業的問題。我們學到的是別去招惹它們。某種程度上我們的成功是因為我們把精神集中在尋找障礙不多的公司，而不是因為我們具備了跨越重大障礙的能力。」

每天都可賣的東西

當今世上沒有一家公司可以在持續營運的時間上與可口可樂相提並論。這家公司始於一八八〇年代，從販賣飲料做起。今天，一百二十年後，可口可樂還在賣同樣的飲料。雖然公司常定期投資與飲料無關的事業，但其核心事業基本未變。

今天唯一的重大差異是公司的規模與銷售地區無遠弗屆。一百年前，可口可樂雇用了十名銷售員，跑遍全美。當時公司一年賣出十一萬六千四百九十二加侖的糖漿，全年銷售額為十四萬八千美元。五十年後的一九三八年，公司一年可以賣掉二億七百萬箱飲料。該年《財星》雜誌寫道：「少有公司能與可口可樂並駕齊驅，可以像可口可樂一樣賣同一產品，並保證有像可口可樂一樣的紀錄。」

今天，距該篇報導近七十年後，可口可樂還在賣糖漿。唯一的不同是量。到二〇〇三年，可口可樂賣出一百九十億箱飲料到兩百多個國家，年銷售額為兩百二十億美元。

可靠的郵報

再來看看華盛頓郵報公司。巴菲特告訴波克夏的股東說他與《華盛頓郵報》首次發生財務關係是他十三歲時，他每天要送《華盛頓郵報》與《時代前鋒報》兩份報紙。巴菲特常沾沾自喜地說，他早在葛拉漢合併這兩報前，便在他送報的路上把兩報併在一起了。

顯然巴菲特深諳報業的悠久歷史。他並認為《新聞週刊》是種可預期的事業，也很快就明白郵報集團旗下電視台的價值。《華盛頓郵報》多年報告旗下廣告事業的閃亮業績。巴菲特與該公司的接觸經驗，以及郵報本身成功的紀綠都讓他相信，《華盛頓郵報》是一家持續不變而可靠的事業。

每天都要刮鬍子

接著說到的是吉列。很少有公司像吉列一樣主宰整個產業。一九二三年吉列便是剃刀和刀片業的龍頭，二〇〇三年依舊執牛耳。維持如此多年的霸業，公司必然要投資數億萬資金創造新而好的產品。即使英國威金森公司於一九六二年開發出第一支鍍鋼刮鬍刀，吉列快速反擊並致力維持其在全球刮鬍刀業上創新的領導地位。一九七二年，吉列開發出受歡迎的脆可（Trac II），一九七七年推出頂部可旋轉的阿特拉（Atra）刮鬍刀。接著在一九八九年開發出風行市場的「感應刀片系列」。吉列持續成功係因不斷創新並對新產品做好專利保護。

別人倒閉他仍獲利

最後的例子是克雷登置屋。二〇〇二年，克雷登連續獲利第二十八年，當年利潤一億二千六百萬美元，總收入十二億美元，比上一年增長了一六%。考慮到同業所經歷的困頓，這是非常亮麗的表現。一九九〇年末期，造成八十家工廠和四千家零售商結束營業的兩大肇因是：許多業者擴充太快，產生的呆帳直接導致售出房屋被查扣，從而降低了對新屋的需求。

克雷登的經營手法與眾不同，他完善地管理以及精明地應變之道，使公司在同業紛紛倒閉時還能維持獲利。

穩固的遠景

巴菲特在一九九五年波克夏股東大會上向出席的股東說：「我們喜歡高的投資現金回報，看來繼續這樣走下去的可能性很高。」接著他補充，「我看的是長期競爭優勢，以及此優勢（會否）長期存在。」這句話意思是說他找的就是他所謂的「市場特許業」。

巴菲特認為經濟世界分成兩塊，一是少數的市場特許業，二是多數的通用型商品業，後者多半不值得投資。他對「市場特許業」的界定是：一家公司的產品與服務，（一）被消費者需要和渴求。（二）沒有相近的替代品。（三）不受政府政策管制影響太大。

這些條件即是巴菲特口中的「護城河」——等於是公司明顯的優勢，既可超越他人，又可保護競爭造成的侵略。護城河愈大，就愈穩固，也就愈投他所好。他說：「投資的關鍵在公司的競爭優勢，而最重要的，是它的優勢可維持多久。公司的產品與服務若有寬而牢固的護城河，就最能帶給投資人利益。」

市場特許業提供人們想要產品的唯一來源，這種業者可以定期漲價卻不用擔心失去市場占有率或銷售量。通常市場特許業可以在需求不高、產能未全面使用下提高價格。價格彈性是市場特許業的決定性特質，它讓市場特許業者獲得高於平均的資本回報率。

> 我最重要的事就是弄明白環繞公司的護城河有多大。我喜歡的當然是座大城堡，還有養著食人魚與鱷魚的護城河。
>
> ——巴菲特，一九九四年六月二十日《美國新聞與世界報導》

市場特許業另個重要特質是業者握有極高的經濟商譽，較能抵抗通膨作用（通貨膨脹會讓消費者購物慎重，但市場特許公司的產品不受此影響）。另方面是較能安度經濟災難。以巴菲特簡潔的用語來說：「偉大公司的定義就是可以持續偉大二十五到三十年的公司。」

反過來看，通用型商品業提供的產品與競爭者的產品幾乎相同。多年前，基礎商品包括石油、瓦斯、化學、麥、銅、木材和柳澄汁。今天，電腦、汽車、航空服務、金融、保險都成了商品型產品。儘管不惜砸大錢打廣告，這些產品很難做到真正與對手區隔。

一般商品事業通常就是低回報的行業，因為它們的產品基本相似，只能以價格取勝，嚴重傷害獲利率。要讓商品事業獲利最可靠之道就是殺低成本。

商品事業另一個能獲利的時候就是供應不足之際，這種時機可遇不可求。巴菲特認為決定商品事業的長期獲利關鍵因素是「供應不足與供應充分年數」之比。然而這種比率通常不大。巴菲特曾譏諷說，波克夏紡織事業最近一次遇上供應吃緊的時期「還撐不到一個上午。」

可以期待的可口可樂

波克夏一九八九年公開宣布持有可口可樂公司六．三%的股權後不久，便接受商業記者透納（Mellisa Turner）的訪問。她問巴菲特最常被問到的問題：「為何不早點買可口可樂的股票？」算是回答吧，巴菲特把問題帶到他最後做此決定時在想什麼。

他解釋：「假設你要離開十年，而你想做出一項投資，你也知道你目前所知道的一切，同時在你離開期間不能做出任何修改。你會想些什麼？」當然，此事業必須簡單而易懂，這家公司必須長期顯示業務的一貫性。當然，它的遠景也得看好。「就我知道市場還會成長，就我知道領導人還會繼續領導，我指的是全球，就我知道銷售量還會大增這幾方面，我若有什麼可認定是十拿九穩的，除了可口可樂就沒有第二樣東西。我相信等我回來時可口可樂的表現一定比現在更好。」

但為何選在如此特定的時間？如巴菲特所言，可口可樂事業成就已擺在眼前數十年。他坦承，讓他刮目相看的是一九八〇年代可口可樂在羅伯特．葛蘇達（Roberto Goizueta）主導下的變革。葛蘇達在古巴長大，是可口可樂首位外籍執行長。一九八〇年，公司九十一高齡的守護人羅伯．伍德洛夫（Robert Woodruff）引薦他進公司，以改正公司一九七〇年代遺留的問題。那是可口可樂極端黯淡的年代：與飲料批發商的關係不佳，旗下子公司被指控虐待流動勞工的傳言紛起、環保人士宣稱用完即丟的可樂瓶罐污染美國，聯邦貿易委員會則指控可口可樂的獨賣地位違反〈謝爾曼反托拉斯法〉。可口可樂的國際業務也搖擺不定。

葛蘇達採取的第一項行動便是把公司五十五位最高主管聚集在加州棕櫚泉。他說：「告訴我，我們哪裡做錯了，我統統要知道，而一旦獲得解決，我要百分之百的忠誠。如果有人不開心，我們會給你優渥的解聘條件，各奔東西。」

葛蘇達鼓勵主管用頭腦去冒風險。他要公司採取主動而不是被動回應。他開始砍成本。他也要求可口可樂旗下公司都得盡力擴大資本報酬率。這些措施立即提高了獲利率，並引起巴菲特的注意。

永遠的報業

《華盛頓郵報》也仍然是巴菲特注意公司前景的好例子。巴菲特有次寫道：「這家大報的經濟條件好極了，是世上最好的一種。」美國多數的報紙都在沒有直接競爭者的情形下經營。這些報社的老闆自認每年豐厚的獲利，是因為他們的報紙有好的新聞品質。巴菲特說，真相是如果鎮上只有一家報紙，三流的報紙獲利也不輸人。有這麼明顯的好處，報業是巴菲特眼裡典型的市場特許事業。

沒錯，高品質報紙會有較高的閱報率；但他解釋，即使是平庸的報紙對社區也很重要，因為它有告示的功能。鎮上每項事業，每位想賣房子的屋主，想把訊息通知鎮上知道的人，都得透過報紙的發行才能做到。事實上，報老闆等於向鎮上每位想登廣告的事業收費。

除了市場特許的性質，報紙也擁有極高經濟價值的商譽。如巴菲特所指，報紙需要的資金不高，容易把銷售變成獲利。即使是昂貴的電腦化印刷機以及編輯部的電子系統，也因降低了檢排及印刷工人的固定薪資成本而快速回收。報紙相對上也能輕易提高價格，因而帶來高於平均的資本回報並減少通膨的傷害。巴菲特算過，一家典型的報紙可以把報費漲一倍，還能保留九〇%的讀者。

百貨業中的黑馬

麥萊恩公司正值事業的巔峰期，現在已經不再隸屬於沃爾瑪百貨，可以和沃爾瑪的對手塔吉特商場以及其他大型商店簽約。這些，加上公司注重成效、不惜在軟體設備上的投資、運輸管理、包括零售管理在內的自動化作業，都幫助麥萊恩維持銷售利潤和服務品質。

巴菲特買下麥萊恩時，同行的佛萊明以及美國食品公司（皇家阿霍德的子公司）正因不同原因而度小月。無從得知這些是否影響了巴菲特的決策，聽說那時如果佛萊明倒閉的話，將釋出七十二億的商機。

不斷創新的寵壞主廚

再看寵壞主廚這家公司。寵壞主廚做出的成績讓許多老企業汗顏，從一九九五年到二〇〇一年，它每年的成長率為二二%。它的長期遠景也看好。根據美國直銷協會統計，美國辦宴會的生意在二〇〇〇年超過七十億美元，比一九九六年多出二十七億美元。

公司主事者克里斯多夫本人尚不服老。她相信，美國的碗櫃還有多的是生意可做，她指出，著名化妝品直銷公司玫琳凱（Mary Kay）的銷售人力達六十萬，她也有很大的成長空間。克里斯多夫還在開發新產品，如陶瓷用具，並把事業拓展到英、德、加等國。最後公司的組織結構，也不需要大筆資金才能擴展，在寵壞同業中尚無夠大的競爭對手。

重點個案：賈斯汀工業

二〇〇〇年七月，波克夏以六億美元買下位於德州的賈斯汀工業的全部股權。這家公司有兩大業務部門，一是賈斯汀品牌部（Justim Brands），下面有四款西部馬靴牌子，另一個是頂級建材品牌部（Acme Building Brands），下有生產磚塊和其他建材的數家公司。

牛仔馬靴和磚塊，這是波克夏最有趣也最另類的一次收購；也很能顯示巴菲特是怎麼樣的一個人。

在許多方面，賈斯汀具有巴菲特尋尋覓覓的企業實力。顯然的，它的事業簡單而易懂，馬靴與磚塊沒有什麼特別耐人尋味之處。但它也代表了一種優良的營運紀錄，分別檢視便可看出，賈斯汀各家公司都長期做著同一事業，最悠久的一家更超過百年歷史。最後一項，也尤其特別，就是巴菲特看好公司的長期遠景，因為有項東西讓他十分佩服，這家基本屬於商品產業的公司，其產品竟然能提升到市場特許業的地位。

賈斯汀品牌成立於一八七九年，當時年僅二十的賈斯汀開始替牛仔和農場工人做馬靴，地點就在德州西班牙堡的小店。賈斯汀死於一九一八年，他的兒子約翰與厄爾繼承父業，並於一九二五年將公司搬到沃斯堡。一九四八年賈斯汀的孫兒小約翰再買下大部分親戚手中的股權，自己主持之後五十五年的事業。

小約翰是沃斯堡的傳奇人物。他買下三家競爭對手，從而建立其西部馬靴王國，一九六八年又完成收購頂級磚塊，做了一任沃斯堡的市長。他於一九九九年退休，但繼續擔任榮譽董事長，這也就是為什麼二〇〇〇年四月是由八十三歲高齡的他歡迎巴菲特進城。

賈斯汀馬靴實用耐穿，適合牛仔工作時穿著，也依舊是同類產品中的首席品牌。之後賈斯汀品牌還發展出其他牌子：

◆ **諾可那（Nocona）**：由艾妮（Enid Justin）創立於一九二五年。艾妮是賈斯汀七個兒女之一，十二歲起便替父親工作。當她的姪兒一九二五年把家業從德州諾可那搬到沃斯堡後，艾妮在原地開了家同樣的公司與之競爭。想不到她做得很成功。激烈競爭多年後，兩家公司在一九八一年合併在賈斯汀名下。當時艾妮已八十五高齡，因為健康惡化不得不同意合併。

◆ **奇普娃（Chippewa）**：設立於一九〇一年，專替伐木工做靴子；今天，它生產的是結實的登山鞋以及高品質的室外工作鞋。一九八五年被賈斯汀收購。

◆ **湯尼・拉瑪（Tony Lama）**：可追溯到一九一一年，當時湯尼・拉瑪在艾爾巴索（El Paso）開了家修鞋與做鞋小鋪，之前他在美國陸軍做補鞋匠。他的靴子很快成為當地農場工人和牛仔的搶手貨，他們稱讚鞋子合腳又耐穿。近幾年對許多人來說，湯尼．拉瑪就是高檔鞋的同義字，以奇怪皮料如蟒、鱷、龜、鴕手製，每雙近五百美元。一九九〇年，董事長兼執行長湯尼．拉瑪同意與死對頭賈斯汀合併。

通常有兩種人會買西部馬靴，一是工作所需，因為他們別無選擇，二是趕時髦。第一種是賈斯汀的主要顧客群；第二種人口數少，但當流行起作用時，仍影響整體銷售量。

當設計大師如拉夫．勞倫（Ralph Lauren）與卡文．克萊（Calvin Klein）在他們的目錄推出西部風格時，馬靴銷售大增。但流行的缺點就是變化無常，這家公司在一九九〇年代末陷入困境。一九九四高峰期後，西部馬靴銷售開始下滑。一九九九年，賈斯汀的股價跌破十三美元。

小約翰在一九九九年四月退休，前天地公司（Tandy Corp）企業領導人約翰．羅奇（John Roach）受命前來進行公司重整。一年多的時間，新管理團隊便做出可觀的成績，如推出新款鞋類、精簡生產線、廢除重疊設計，使公司的製造與配銷更見效益。二〇〇〇年四月精簡後的公司宣布第一季的結果，鞋類銷售成長了一七％，達四千一百萬美元，淨獲利與成長率都有顯著成長。

兩個月後，波克夏宣布達成收購公司的協議，有位分析師蓋瑞．史耐德

（Gary Schneider）趕忙評論：「這對員工是件好消息。管理團隊去年做了各種變革，採取了必要的強硬措施以降低成本。」

今天賈斯汀的鞋業部門有四千個銷售商，占了西部馬靴三五％的市場，而店內專賣西部衣飾的攤位，架上七〇％的馬靴是賈斯汀牌。多數的靴子起價約為一百美元。在更高價的市場（一雙數百美元以上），賈斯汀吃下六五％的全美市占率。

頂級建材是賈斯汀工業另一個部門，也是廠齡超過百年的德州先鋒公司。頂級創立於一八九一年的德州米爾沙普（Milsap），一九六八年成為賈斯汀旗下一家公司，由小約翰買下。今天，頂級是美國最大也最賺錢的製磚商。

因為長程運磚不符成本效益，磚廠多屬區域性。頂級主導其區域內（德州與周圍五州）五成的市占率。在此六州範圍，頂級有三十一個生產設施，包括二十二個磚廠，及自己的銷售辦公室和卡車隊。建築商、包商以及屋主可以直接向公司訂磚，由頂級的卡車送交。頂級一年賣出十億多塊磚，每塊都印著頂級的標誌，每塊保用一百年。

磚的需求視新屋量而定，因此受利率和整體經濟表現影響。甚至一場壞氣候都可能傷害銷售。然而，頂級在一九九〇年代科技狂潮時表現優於馬靴公司，今天依舊是賈斯汀的主要金雞母。除了磚塊生意，頂級還有水泥石造建築公司羽量建材

（Featherlite Building Products Corporation）以及美國瓷磚供應公司（American Tile Supply Company），生產陶瓷和大理石瓷磚。

賈斯汀被華爾街忽略多年。只有兩大部門，公司不足以成為企業集團。但經營兩種截然不同類別的行業也頗令人費解。如小約翰一九九九年退休前指出：「懂鞋業的分析師不懂建材業，反之亦然。」

但巴菲特兩項都懂。其一，波克夏早已持有數家鞋廠，對這行認識多年。其二，他知道，製造業永遠需要建材的產品，可見這項事業穩定可靠。

巧的是時機正好。這家品質有口皆碑，歷史超過百年的公司正臨困境，股價在五年中跌了三七%，公司一分為二的壓力正緊。人人知道巴菲特偏好簡單而低科技的公司，雙方一拍即合。

當巴菲特在沃斯堡初會小約翰，他說沃斯堡讓他想起奧瑪哈；這是他的一種恭維。他檢視賈斯汀的兩大部門時，他看到他想要的就是市場特許業的質感。透過結合一流品質、高明行銷和準確定位，賈斯汀把兩大事業都經營成市場特許業。

多數人會認為頂級賣的是非品牌商品。畢竟誰會想到「磚塊的品牌」，但頂級的顧客就會。他們以技巧高明的行銷活動，請美式足球的傳奇球星艾克曼（Troy Aikman）代言，而聲名大躁；以至於德州人最近被問到他們喜歡哪個牌子的磚塊，七五%的人回答：頂級。品牌意識不斷被加強，消費者拿起一塊磚頭便要看看壓在其上的頂級商標。

賈斯汀的馬靴也提升為市場特許業。隨便選家販賣西部衣飾的零售店面，逛個數分鐘，便可聽到有人說：「我兒子夠大了，可以穿些賈斯汀了。」或「讓我看看你有哪些湯尼．拉瑪？」這種用語比人們說：「我在找牛仔靴」還更平常。當人們指定馬靴品牌，當人們願為一流品質付出高價，這就是市場特許業。

一九九九年到二〇〇〇年經過新管理團隊的改造，賈斯汀開始受到注意。分析師史耐德指出，許多買方表示有意，包括歐洲人，但讓賈斯汀第一個認真考慮的是巴菲特提出的條件。

波克夏提出的條件是每股二十二美元現金，比當時價格高出二三%，但巴菲特毫不畏懼。他說：「這是得到不止一家好公司的機會，還一次得到兩家；事實上是兩種口味。一流的事業以及一流的管理團隊，這正是我們要的。」他接著說，他也無意改變什麼。「我們一開始就要買經營良好的事業，如果他們需要我常駐沃斯堡，我們就不買了。」

在這樁交易宣布次日，賈斯汀的股價上漲二二%；巴菲特帶了雙全新鴕鳥皮的湯尼．拉瑪鞋回到奧瑪哈。

第6章

這些人怎麼樣？

管理團隊守則

當你有既能幹且人品又好的經理人經營事業，加上這又是他們熱衷的事情。幸運的話你可能有十來個或更多這樣的經理人向你呈報，但你仍有多餘的時間睡個午覺。

——巴菲特——

在考慮新投資計畫或收購公司時，巴菲特會嚴格審視相關管理團隊的品質。他告訴我們，波克夏要收購的公司必須由術德兼備的經理人經營，這些人要能贏得他的尊敬與信任。他說：「我們不希望與教人不敢恭維的經理人共事，無論他們的公司多麼吸引人。我們不可能與壞人達成好的交易的。」

當巴菲特找到值得景仰的經理人時，他亦不吝恭維。多年來，人們可以在波克夏的年度報告中找到讚揚管理波克夏旗下不同公司的經理人。

在考慮某家公司的股票時，他對管理團隊的檢驗也毫不鬆懈。他特別重視三大特質：

一、管理團隊理不理性？
二、管理團隊對股東誠實嗎？
三、管理團隊能獨排眾議嗎？

巴菲特給經理人最高的評價，就是他忠貞不渝，並且凡事能夠從公司股東角度著想。行為像股東的經理人不會輕易忘了公司的主要目標，那就是提高股東價值，同時他們也比較傾向做出強化該目標的理性決定。巴菲特也推崇認真向股東做出完整真實的報告、並勇於獨排眾議不盲目跟隨同業腳步的經理人。

當你有既能幹且人品又好的經理人經營事業，加上這又是他們熱衷的事情。幸運的話你可能有十來個或更多這樣的經理人向你呈報，但你仍有多餘的時間睡個午覺。

——巴菲特，一九八六年波克夏年度報告

當美國更多的企業腐化事跡敗露後，除了叫人驚訝，也使得好的企業管理團隊顯得更為要緊。巴菲特長期堅持只與有誠實品德的人共事；這種立場有時讓他與其他知名企業家顯得格格不入。企業界不流行抬高品德、誠實、可信這種品質。

事實上，真要這麼做有時還會被譏為天真以及不懂商業真相。巴菲特特別要求企業誠實的善惡分明立場，現在看來卻有先見之明。但他的出發點不是謀略，而是源自個人不可動搖的價值系統。現在再也沒人敢說巴菲特天真了。

我們要深入討論巴菲特對企業倫理事件的看法，尤其是過高的高階主管待遇、員工認股權、獨立董事以及責任追究和做假帳等。他告訴我們他認為該做什麼改變以保護股東，也提供我們主意，好讓投資人可以評鑑經理人是否值得信任。

什麼叫做理性？

巴菲特相信，管理團隊最重要的行動莫過於配置公司的資金。「最重要」是因為，資金的運用最後決定了股東的價值。

就巴菲特看來，決定如何運用公司的收益要靠邏輯與理性，不論是再投資於事業或把現金退還給股東，皆是如此。

《財星》雜誌的卡洛・盧米斯（Carol Loomis）曾寫道：「巴菲特自認他領導波克夏與人不同之處就在理性，而他發現，其他企業欠缺的正是這種理性。」

當公司成熟到某個程度時，這方面的問題變得格外重要；公司成熟後成長率會放慢，開始會有更多現金，超過發展與營運的所需。此時，問題就來了，這些收益要如何分配？如果多出的錢用於內部投資，並能賺到高於平均的股東權益回報率（即回報高於資本支出），那麼公司就該保留所有收益並再投資。但如果保留收益再投資到公司，只換來低於平均的資本成本回報，這就毫無理性，但在企業界還頗為普遍。

公司的投資回報平庸或低於平均，但手頭有過多賺到的現金時，它有三個選擇。一是忽略問題，繼續以低於平均的獲利再投資；二是透過收購成長；三是發現金給股東。巴菲特會密切注意管理團隊在這種十字路口上做的決定；也就是在這種關頭，經理人會顯現出他是理性或非理性。

一般而言，如果經理人持續投資，不理會回報率低於平均即代表他們相信這只是暫時的情況。他們相信自己的管理絕技可以增強公司之後的獲利。股東往往被這種經營團隊對未來的樂觀預期催眠了。

但如果公司持續忽略此問題，現金會變成空滯的資源，股價會下滑。公司經濟回報差，坐擁充沛現金但股價低，容易遭企業惡意併購者的狙擊，也是經營團隊易手的開始。為了自保，高階主管經常採取第二種選擇，就是收購其他公司加快成長。

宣布收購案可以激勵股東並讓突襲者知難而退。但巴菲特質疑公司要靠收購來成長這種事。其一，這種收購經常付出過高的價格。其二，收購後必須整合並經營全新事業的公司這種情形比較易犯錯，從而造成股東重大的損失。

在巴菲特看來，坐擁大筆現金卻又無法做出高於平均回報的公司，理性而負責的唯一做法就是把錢退還給股東。這時的做法有二，一是提高股息或買回庫藏股。

股東手上有了股利，便能去找其他回報較高的投資標的。這表面上看來是樁好交易，許多人便以為發派高股息的公司必然經營得當。巴菲特認為，這種做法唯一說得通的情況是，投資人從現金獲得的利益，會好過由公司保留收益並再投資公司所能賺到的錢。

多年來波克夏的資本獲利一直很高，也一直保留著現金。有如此高的回報，如果配息給股東就是對不起股東。不意外，波克夏從不發股息。股東們也沒話說。對持有人信心的最高測試就是把所有的收益全部讓經營團隊再做投資；波克夏的股東對巴菲特充滿信心。

如果說，股息的真正價值有時被誤解，那麼退錢給股東的第二個方式——買回庫藏股，則更被曲解。買回公司股票對股東的好處在許多方面較不直接、不具體也不立即見效。

當經營團隊買回自家股票，巴菲特認為好處有二。如果股價低於內含價值，那麼買回股票是項好生意。如果公司的股價是五十美元，而內含價值是一百美元，經營團隊只要買回股票便是以一美元得到兩美元的內含價值。這種交易對持股者頗為有利。

巴菲特說，再者，當高階主管積極從市場買回公司股票時，是在讓人知道他們最在意股東的利益，而不是輕率地擴大企業結構。這種立場送出正面的訊息給市場，會吸引尋找能替股東賺錢的傑出經營團隊的投資人。股東經常會在兩個時間點獲利，第一是初上市時買進，繼而是市場投資人有意追價時。

公司買股的意義

美國運通轉危為安

現金的淨流入促使可口可樂增加發息給股東，並在公開市場買回庫藏股。一九八四年，可口可樂首度授權買回股票，它宣布要買回六百萬股。從那以後，可口可樂共買回十億多股。在一九八四年這等於是買回三二%的在外流通股，當時的平均股價是一二・四六美元。換言之，公司花了一百二十四億美元買回的股票，十年後的市值約達六百億美元。

一九九二年七月，可口可樂宣布到二〇〇〇年為止，公司將買回一億股，相當於流通股的七・六%。巧妙的是，公司賺現金的能力讓它不但能夠完成此目標，同時還能大舉向國際進軍。

再來，看看美國運通如何處理現金。巴菲特與美國運通最早的往來始於四十多年前，在一九六三年大膽買進這支受打壓的股票；他因而替投資夥伴快速地海撈一票（詳見第一章）。巴菲特對美國運通信心未減，持續加碼。我們可以從一九九四的一筆大交易，看看經營團隊使用多餘現金的決策優劣如何。

美國運通負責簽帳卡與旅行支票的部門叫「美國運通旅遊相關服務」，它是公司的賺錢高手，不但塞飽了股東荷包並自籌資金發展業務。到了一九九〇年代初，它賺到的錢遠大於營運支出，也就在這時經營團隊採取了不同於巴菲特崇尚節儉的做法。這個案例裡，美國運通經營團隊沒能做好。

當時的執行長詹姆斯·羅賓森（James Robinson）決定以多餘現金收購相關事業，將公司擴大為金融服務巨人。他先買下ＩＤＳ金融服務公司，賺到了錢。但他接著買下的西爾森雷曼公司（Shearson Lehman）則賠了錢。之後西爾森還需要更多的現金維持營運。當西爾森花掉四十億美元後，羅賓森找上巴菲特，巴菲特同意了買進三億美元的優先股；但是在公司恢復正軌前，他不加碼美國運通的普通股。

一九九二年羅賓森突然辭職，由哈維·葛洛柏（Harvey Golub）繼任。他的第一項任務便是加強品牌意識。與巴菲特看法相近，他開始強打美國運通的「特許」本質與「品牌價值」。接下的兩年，葛洛柏開始清理不賺錢的資產，再度獲利並賺到高的股東權益報酬率。他那時的當務之急便是出讓需要大筆現金充撐場面的西爾森雷曼。

很快地，美國運通又回到過去賺錢的形象。公司各種資源都用以支援葛洛柏欲建構美國運通卡成為「全球最受推崇的服務品牌」目標，這家公司放出的所有訊息都用來強調「美國運通」的品牌價值。

接下來，葛洛柏替公司訂下財務目標，每年要增加每股盈餘一二%到一五%，增加股東權益報酬率一八%到二〇%。不久後，美國運通又有了多餘的現金，資本和已發行的股數都超過所需。一九九四年公司便宣布，基於市場的條件，準備買回兩千萬股普通股。巴菲特聞之大喜。

當年夏天，巴菲特把波克夏所持有的優先股轉為普通股，然後很快地，他又開始買進普通股。到了該年末，波克夏持有兩千七百萬股美國運通。一九九五年三月，巴菲特加買了兩千萬股，一九九七年，再買四千九百五十萬股，一九九八年買進五千五十萬股。到了二〇〇三年底，波克夏持有美國運通一億五千一百萬股，相當於近百分之十二的股權，市值超過七十億美元，是他買價的七倍。

《華盛頓郵報》步步為營

《華盛頓郵報》替股東賺進大筆現金，超過投資本業的所需。經營團隊此時有兩個選擇，一是把錢退給股東或用於新投資機會。如我們所知，巴菲特傾向把多餘的錢還給股東。華盛頓郵報公司那時由凱瑟琳擔任總裁，她首開報業把錢退還給股東的先例。在一九七五年

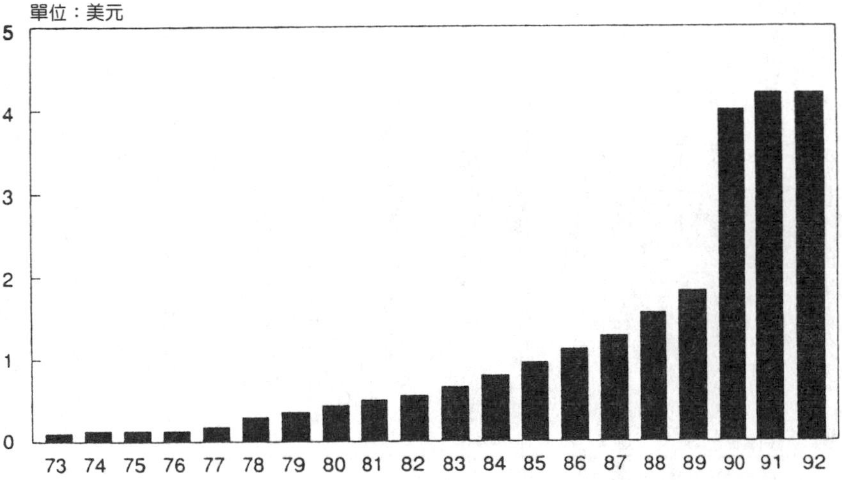

圖 6.1 華盛頓郵報公司每股配息（1973-1992）

與一九九一年，郵報以每股六十美元買回令人難以置信的四三%的股份。

郵報其實也可以選擇以配股息把錢退給股東的方式。一九九〇年因為錢多到用不完，《華盛頓郵報》表決通過把股息從一點八四美元增加到四美元，多了一一七%（見圖6.1）。

除了把多餘的錢退還股東，《華盛頓郵報》還做了幾項賺錢的收購，如買進首都城有線電視、手機公司、電視台等。想找公司掌門人唐納德接手的公司多到讓他煩惱。為了要以較好的投資成本率來增加大現金流量的目標，他制定了評估接手條件的特定準則。

他要的公司必須「具有競爭障礙，不需要大筆資本支出，有一定的商品定價能力。」他接著指出：「我們最好找我們懂的事業」以此選擇後，「我們最好把錢投資在幾項大事業而不是四處進行小小的投資。」唐納德顯然採用了巴菲特在波克夏的投資策略。

報業的運作在最近幾年有了改變。較早時，碰到經濟遲緩，廣告主減少支出時，報業可以提高廣告費以維持獲利。但是今天的廣告主有更多找到消費者的廉價途徑，如有線電視、直接郵遞及夾報等方式。報紙不再有壟斷的能力，多少失去了決定價格的彈性。

即便如此，巴菲特相信郵報比其他媒體公司體質好。他樂觀的理由有二：一是郵報長期債務小於持有的現金；《華盛頓郵報》是唯一公開上市基本上不負債的報業。二是《華盛頓郵報》的經營向來首屈一指。

寵壞主廚善於投資

寵壞主廚的創辦人、董事長兼執行長克里斯多夫也善於利用資本，利用公司收益擴大事業與成長。她幾乎把所賺的錢全部再投資公司，結果就是業務擴大並帶來更大量的營收成長。一九九五年到二〇〇一年間，潘波德主廚的業務驚人成長了二．三二倍，稅前獲利率超過二五％。公司唯一有的負債是創業金三千美元——是拿她壽險保單借來的。

不論從什麼角度來看，她都是個審慎而且能賺錢的經理人，懂得節儉開支。她展現的是真正的經營本能，善待所有業務代表並保持競爭力。寵壞主廚在全美的銷售員帶進公司主要的收入，也是與一千兩百多萬消費者直接往來的代表。此銷售團隊賣出的產品可獲一八％到二〇％的佣金，而他們外聘的廚房顧問所做的生意，也能抽一％到四％的佣金。

重點個案：蕭氏工業

二〇〇〇年末，波克夏同意以每股十九美元收購蕭氏工業八七%的股權，以總價二十億美元取得這家全球最大的地毯製造商。雖然比市場一二·一九的價格高出五六%，但蕭氏的股價在一年前還要更高。巴菲特付出溢價是因為這家公司有許多他看中的品質，如生意簡單易懂，長期營運作風一致，以及業務遠景顯然看好。

地毯製造不簡單，光看龐大而複雜的機器紡、染、束、織就知道了，但基本前提簡單而易懂，就是做出最好的地毯賣個好價錢。蕭氏現在生產約兩萬七千種不同顏色和樣式的編織地毯供家用或商用。它也賣地板和專案管理服務。蕭氏擁有上百家生產工廠和配銷中心，每年生產六億平方碼的地毯，雇用員工約三萬人。

巴菲特顯然相信人們會一直需要地毯和地板，有許多生意等著蕭氏去做。換言之，這就是美好的遠景，也符合巴菲特的要求之一。

但真正吸引巴菲特的是公司的資深管理團隊。在二〇〇〇年給股東年報上他談到收購蕭氏這項交易：「此筆生意的關鍵是總裁朱利安·索耳（Julian Saul）以及執行長鮑伯·蕭（Bob Shaw）將繼續持有至少五%的股權。這讓我們能與業界一流人才共事，索耳與鮑伯．蕭的營運紀錄充分說明這點，他們兩家公司在一九九八年合併前，已各自開創了成功而龐大的地毯事業。」

從一九六〇到一九八〇年，蕭氏公司平均的資本報酬率為二七％。一九八〇年鮑伯．蕭預測十年內公司二億一千四百萬的銷售額會翻四倍，而他只花了八年就做到了。

鮑伯．蕭顯然把公司管得很好，與巴菲特的方法不謀而合。蕭氏說：「你必須靠收益來發展，如果你以此行事，靠收益而不是貸款來成長，同時注意資產負債，你絕不會掉進泥沼。」

這種思維正好契合巴菲特的方法。他相信，管理團隊最重要的工作就是配置資金，而資金的運用決定了日後股東的價值。在巴菲特的腦海裡，事情很簡單，如果多餘的現金能用來投資內部，並提高資金成本的回報率，那麼這家公司應保留收益並且再投資，鮑伯．蕭的做法如出一轍。

鮑伯．蕭不僅做出好的財務決定，並善用多變的市場環境，推出強勢產品和業務。例如，當杜邦公司推出防污纖維時，蕭氏便於一九八六年更新所有的機器。他說：「銷售不過就是迎合顧客，思考他們要什麼、並滿足他們的需求。但這些需求不停改變，因此如果你做生意的方式與五年前或兩年前一樣，你的方式就錯了。」

鮑伯．蕭堅強的管理團隊推動著公司維持一致的營運歷史。它成為世界最大的地毯銷售商，克服千變萬化的市場條件及不斷改變的科技，甚至也度過流失主要通路等危機。二〇〇二年蕭氏最大的經銷商施樂百（Sears）百貨停售地毯。但蕭氏的管理團隊視此打擊為有待克服的挑戰而非成功的阻礙。

二〇〇二年波克夏買下蕭氏企業所持有的股票。到了二〇〇三年，蕭氏公司共做了四十六億美元的生意。除了保險部門，它是波克夏旗下最大的公司。

重點個案：織造成果

二〇〇二年，巴菲特以現金八億三千五百萬美元收購了破產的織造成果公司的核心業務（服裝產品）。巴菲特在此交易取得兩大資產，一是傑出的經理人，二是全美知名並受歡迎的品牌。此收購也概括承受了這家公司十六億美元的債務以及股東、供應商、零售商與消費者間充滿惡意的不快經驗。

這家公司賣的男士與男孩的內衣占了全美市場的三分之一，它發跡於一八五一年羅德島上的一家小廠。接下來的一百年，公司發展成全美內衣與T恤的製造大廠。但是它也難逃日漸威脅成衣界的經濟困難，一九八五年被專事收購有問題財務公司的金融家威廉．法里（William Farley）買走。

被形容為「光鮮」、「好出風頭」的法里帶領公司走了幾年的成長歲月，但接著便一蹶不振，事事不順。他下令一宗大膽的九億美元收購決定，使公司槓桿操作過度，一九九六年的長期負債為發行股本資產的一．二八倍，卻未帶進預期的營收。供應商拿不到錢便停止送料。法里把九五%的作業搬到海外，關掉十二家工廠和發貨中心，遣散一萬六千名工人，只落得品管與準時交貨嚴重出問題的下場。為了收拾交貨的爛攤子，他把生產包給合約工廠，卻大幅增加了多方面的超時成本。他為織造成果成立一家控股公司，並把總部搬到開曼群島（Cayman Islands）以逃避美國的出口稅，但卻在公關上一敗塗地。

法里還採取目前已屬非法的手段，使得問題更加惡化，他讓由他親挑的董事會替他個人一筆六千五百萬美元的貸款做保——而他也真的出了財務問題，並把公司也拉下水。董事會之前還同意他的年所得為近兩千萬美元，並重定更優渥的優先認股價以全面討好重要高階主管，接著又免了他向公司借貸的一千萬美元債務。

儘管致力降低成本，公司的債務卻愈陷愈深。一九九九年，織造成果公司公布五億七千六百萬美元的虧損，是分析師預期的七倍，毛利不到二%，還不足以支付十四億美元債務一年一億美元的利息。同年，機構投資人協會（Council of Institutional Investors）將織造成果列為全美最無希望的二十家公司之一。股價重挫，股東縮手，股價從一九九七年的四十四美元跌到一九九九年末的一點多美元，公司的股價在一年之內跌了九成。

這公司在一九九九年十二月申請破產一點都不叫人意外。公司股價持續下挫，到了二〇〇一年十月，織造成果一股只值〇．二三美元。

那麼巴菲特為何對它動心？兩個理由，一是好的品牌只要有好的經營團隊便有成長潛力，二是這家公司的救星出現了。

約翰．哈蘭（John Holland）在織造成果公司擔任高級主管二十多年，備受敬重，也曾做過數年的總裁與執行長，在一九九六年退休。二〇〇〇年他重被聘為執行副總裁，負責重整的任務。

哈蘭是巴菲特想要的經營者典範。除了以一句「差勁的管理」帶過，巴菲特並未公開指責法里，但他更露骨地鄙視挾持董事會要求高薪的高階主管而董事會也順從配合的做法。反之，對於哈蘭他不吝讚揚。

他把想法告訴波克夏的股東：「哈蘭主持時，織造成果公司的營運最賺錢……『破產後』約翰（哈蘭的名字）被重聘回，負責營運的重整。在約翰回來前，交貨混亂、成本暴增、與主要客戶的關係惡化……他重建了過去的織造成果公司，儘管競爭激烈多了。『在我們（即波克夏）列出的收購條件』裡我們堅持一項不常見的附加條件，就是約翰必須在我們接手後留任執行長。對我們而言，約翰與品牌是織造成果公司的重要資產。」

自哈蘭操刀後，織造成果公司進行了大規模的重整以降低成本。公司大砍運費支出，減少加班時間，並降低庫存量。公司也放棄副業，停掉不賺錢的生產線，建立更有效益的生產流程，並準時完成訂單以全力爭取顧客滿意度。

各種明顯的改變幾乎同步出現：收益增加、營運成本降低。在二〇〇〇年，整體收益增加了一億六千三百三十萬美元，比一九九九年提高了二．二二倍，毛利則提高了一一％。公司二〇〇〇年申報四千四百二十萬美元的虧損，一九九九年的虧損則是二億九千二百三十萬美元。更可觀的改進是二〇〇〇年第四季的結果只有一千三百五十萬美元的虧損（包括關閉四家工廠一次付清的整頓支出），相較之下，一年前的虧損是兩億一千八百六十萬美元，整整十六倍之多。

二〇〇一年，公司開始由虧轉盈。總收益增加七千二百五十萬美元，比二〇〇〇年提高了三一％，毛利在該年增加七．七％，成為二二．七％。這表示公司在二〇〇一年出現了營運獲利七千一十萬美元，相較之下二〇〇〇年是虧損四千四百二十萬美元。

公司遭遇如此巨大的問題當然不會一夕解決，織造成果公司必須在殘酷的競爭環境下營運，不過到目前為止，巴菲特對公司的績效甚表滿意。

至少每個人都認為收購債務累累的破產公司讓人訝異，巴菲特的決定還有第三個理由，一點也不叫人意外。他中意的是能以非常好的財務條件取得這家公司。

買進一家做內衣褲的公司，當然帶來開些葷笑話的機會，而本來就很會一語雙關的巴菲特在此更是充分發揮所長。二〇〇二年的股東大會上，在回答這件被關注的併購時，他以答非所問的方式戲謔問者：「如果我有穿內褲的話，其實我很少穿……」讓小股東們去想像巴菲特穿的是四角褲或三角褲。他解釋為什麼內褲業有錢可賺，他說：「這是個有彈性的市場。」最後他換上嚴肅的表情說，蒙格給了他另一個買下這家公司的理由：「多年來，蒙格一直告訴我『巴兄，我們必須進入女人的內衣。（We have to get into woman's underwear. 美俚語即是「上馬子」的意思，在此則指做女內褲生意。）』蒙格已七十八了，現在還不上（買），以後大概就沒機會了。」

坦誠易懂難行

巴菲特高度敬重完整並真實報告公司財務狀況的經理人，他們承認錯誤也分享成功果實，始終坦誠對待股東。尤其是推崇不以「一般公認會計原則」（Generally Accepted Accounting Principles, GAAP）為藉口，而能據實以告公司績效的經理人。

財務會計標準只要求公開依照產業別所分類的業務資訊。有些經理人利用這種最低要求，把公司所有業務全歸於同一產業別，讓股東難以了解各項事務的真實動態。

巴菲特堅持：「要告訴大家的是資料，無論是依據公認會計原則、非公認會計原則，或額外的公認會計原則，都要能幫助股東在財務上理解三個關鍵問題：一、公司大約值多少錢？二、未來償債能力為何？三、經理人在做的事到底做得如何？」

波克夏的年報就是個好例子，它不但符合公認會計原則的要求，還提供許多資訊。巴菲特針對波克夏旗下每家公司的收益單獨提報告，也提供他認為股東在評斷公司經濟表現時會有幫助的資訊。巴菲特推崇能和他一樣坦承向股東報告的執行長。

他也推崇有勇氣公開並公平討論失敗經驗的人。他相信會公開承認錯誤的經理人較有可能改正錯誤。若是照巴菲特的標準，大多數的公司年報看來都很不堪。每家公司時間久了都會犯錯，有些是大錯，也有些是不影響大局的。但巴菲特相信大多數經理人的報告都過於樂觀而不是誠實地解釋，符合他們的短期利益卻不利於所有人的長期利益。

巴菲特恭維蒙格教會他認識研究他人錯誤的價值，而不只是看到別人的成功。在給波克夏股東的年報中，巴菲特對波克夏經濟和經營績效的好壞都據實以告。這些年來，他曾坦承波克夏在紡織與保險事業上遭遇的困難，以及自己在這些事業上經營失當之處。

巴菲特也勇於自省。一九九八年與總體再保險公司的合併帶來不少麻煩，好幾年都釐不清其中的問題，一直到二〇〇一年世界貿易大樓被恐布份子炸毀後才曝露出來。合併時，巴菲特在信中說，他以為再保險公司的營運原則與他對波克夏旗下保險公司要求的原則一樣。

二〇〇二年他坦承：「我大錯特錯。想讓那家公司起死回生還真有得忙。」

總體再保險的問題不僅在其保險實務。這家公司還有一個交易與衍生性金融商品部門，在合併時巴菲特就認為它不吸引人（雖然是概括承受條件之一，不能不收），數年之後這個部門造成重大財務損失。二〇〇三年他向股東道歉：「如果我更果斷地早點關掉總體再保險證券子公司，我確定我可以替大家省下一億美元。不用懷疑，蒙格會早早結束它，而我卻慌亂不決。結果我們的股東付出不必要的高代價以維持這項事業。」

評論家們說，公開承認錯誤對巴菲特一點也不難，因為他個人持有波克夏最多的普通股，用不著擔心會被炒魷魚。沒錯，但巴菲特相信，誠實有利於經理人就像它有利股東，這項基本原則毫不因巴菲特本身在波克夏的位置而變得次要。他說：「公開誤導普羅大眾的執行長，總有一天會誤導自己而出錯。」

像初接掌可口可樂的葛蘇達，他上任後推出的強化公司策略便首先考慮到股東。他寫道：「在未來十年，我們應該全心全力為股東效力，以保護和改善他們的投資，讓股東們的投資有高於平均的回報；我們必須挑選獲利大於通膨的事業來做。」

葛蘇達必須擴大業務，這需要更多的資本投資，但他也要求增加股東的價值。透過提高獲利率與股東權益報酬率，可口可樂配發了較高的股息，但支付的股息占股本的比例卻縮小。一九八〇年代可口可樂股東的股息每年增加一〇%，但支付比例從六五%降到四〇%。可口可樂因而能把較高比例的公司收益再投資到公司以維持成長率而不必犧牲股東。

可口可樂絕對是家超級公司，有著史上最佳的一流營運績效紀錄；然而，最近幾年它成長水準鈍化。有些股東或許為此不安，但巴菲特不為所動。事實上他什麼也沒做，甚至一股也沒賣出。這是他信任可口可樂以及忠於自己原則的最明確證明。

不盲從的勇氣

如果經營團隊願意面對錯誤有這麼多好處，既增長智慧並提高可信度，那為什麼如此多的年報都只吹噓成功？如果資本配置如此簡單和有邏輯，為什麼資本常會被錯用？巴菲特的經驗告訴他，答案是他所說的「眾議」或「制度性強制」（institutional imperative）這種背後力量，企業經營者常常會照著其他經理人的意思做，不論這種行為有多愚蠢或多不理性。

他說，這是他做生意以來令他最訝異的發現。就學時，師長說經驗老到的經理人誠實、有智慧，自動會做出理性的商業決定。一旦跨進商業真實世界，巴菲特馬上發現，「眾議一出現，理性就消失。」

巴菲特相信，制度性強制是造成各種既嚴重又不幸的疏失狀況元兇。這些狀況有：「一、是『組織』拒絕對現行方向做任何改變；二、是正如工作效率降低只因為尚有時間可用，企業永遠能推出許多專案及收購，彷彿只為了要把錢用光；三、是不論有多愚蠢，企業領導人只要提出某些企盼，手下一下子就做出詳細獲利與策略研究報告；四、是只要同業做什麼，不論是在擴張、收購或決定高階主管待遇等事情，都盲目跟進模仿。」

巴菲特很早就懂這些道理。國家償金公司在一九六七年由波克夏收購，領導人林瓦特讓巴菲特發現這種強制跟進的摧毀力道有多強。多數保險公司以回報過低甚至賠錢條件賣出保單時，林瓦特退出市場，拒絕承接新保單。巴菲特肯定林瓦特所作決定的智慧並奉行不渝。今天，波克夏的保險公司仍遵行這種營運原則。

制度性強制背後有何力量能主導這麼多企業？答案就是人性。多數經理人不願被認為愚笨，當其他「跟屁蟲」公司做出的季報還在賺錢時，他們就不願公布讓公司難堪的虧損季報，即使船馬上就要沈了。改變方向從來就不容易；跟著其他公司一起失敗，經常比獨立判斷調整公司方向容易。

雖然坦白說，巴菲特與蒙格能坦然公開壞消息，當然是因為他們的職位處境較有保障，兩人都不用擔心被開除，可自由去做異於常規的決定。不過，善於溝通的經理人，本就應該能夠說服股東接受短期的虧損以及公司轉變大方向，因為這些作為才能帶來長期的出色成績。巴菲特學到，無法獨排眾議與公司股東倒沒多大關係，而端視經營團隊願不願意接受根本性的改變。

即使經理人同意公司不做激烈改變就得面對關門的可能，對大多數人而言，執行相關的計畫還是太難了。許多經理人受不了買新公司的誘惑，而不是坦然面對當前的財務窘境。

為何如此？巴菲特歸納出三個他認為最深刻影響經營團隊行為的因素。第一，多數經理人管不住自己找事做的衝動。這種好動本性常在收購企業中找到發洩口。第二，多數經理人持續拿自己的銷售、收益、高階主管待遇與同業或他業的公司比較。這些比較必然引發企業過動症。最後，巴菲特相信，多數的經理人傾向誇大自己的經營能力。

另一個經理人通病是運用資金的能力拙劣。如巴菲特所說，執行長冒出頭多半是因為在公司其他領域表現傑出，如行政、工程、行銷或生產。因為缺少配置資本的經驗，多數的執行長轉而求教幕僚、顧問或投資銀行。也就是在這兒，制度性強制之手悄然伸進。

巴菲特指出，如果某位執行長認為他有心買進的事業該有一五％的投資報酬才足以合理化此項收購，讓人捧腹的是他的手下還真能快速做出一份報告說，該事業的確可以有一五・一％的回報。

制度性強制的最後理由是沒腦筋的跟從。如果甲乙丙公司都在做同一件事，好了，這下丁公司的執行長就有足夠的理由讓自己的公司跟進。

巴菲特相信，這些公司失敗不是因為腐敗或愚蠢，而是強制力道太強，使公司無法阻止毀滅行為。在對聖母大學（Nortre Dame）學生演講時，巴菲特拿出一份三十七家失敗的投資銀行公司名單。他解釋說，紐約證券交易所的交易量雖然擴大了十五倍，但它們仍難逃失敗厄運。這些公司的領導人都很努力、智商也很高，都渴望追求成功。說到這裡，巴菲特停頓一會兒，接著環視講堂，語氣堅定地說：「大家想想，他們怎麼會落得如此下場？告訴諸位，就是盲目模仿同業。」

案例：可口可樂

葛蘇達在接掌可口可樂時，踏出的第一步便是放棄由前執行長所推動與本業無關的業務，而重新專注於核心事業，也就是銷售糖漿。這件事顯示了他有能力獨排眾議。把公司還原為單一產品的事業是個大膽之舉。葛蘇達的策略更加了不起之處是他與整個產業背道而馳。當時，數家大型飲料公司正忙著轉投資副業。安海沙布希（Anheuser-Busch）把啤酒賺來的錢投資在主題公園；淡酒與烈酒製造經銷商百富門（Brown-Forman）投資了陶瓷、水晶、銀和行李箱生意，獲利回報都較低；加拿大商施格蘭公司（Seagram Company）做的是全球的烈酒與葡萄酒生意，它買下了環球影城；可口可樂的主要飲料對手百事可樂，進軍菲多利（Frito-Lay）等零食業與餐廳業，買下墨西哥快餐店塔克貝爾（Taco Bell）、肯德基炸雞與百勝客等。

葛蘇達不只是專注於公司最大、最重要的產品，而且重新把公司的資源用於最賺錢的事業上。既然賣糖漿的經濟收益遠高於其他業務，公司現在當然是把獲利再投資於回報最高的事業，也就是可口可樂上。

案例：克雷登置屋

讓我們看看克雷登置屋逆向操作的例子。處在一個被同行們搞垮的行業，克雷登的強勢經營團隊與高明的事業模式表現不凡。

成型屋原在美國所有房屋中占了一五％。從許多方面而言，成型屋長期的負面印象正在改觀。這種房子在大小和規模上已與蓋在地上的房子日趨接近，建構品質已獲改進，很受租戶歡迎，在稅務上有不繳地價稅的優勢，房貸上也有大型貸款公司與政府機構如房利美（Fannie Mae）的支持。

不僅如此，因為它價格低於一般房屋，市場主打低收入戶。二〇〇二年美國有兩千兩百萬人住可移動式房屋，平均收入為兩萬六千九百美元。

但這行裡許多廠商在一九九〇年代陷入自找麻煩的兩難困境，許多家倒閉關門。這個兩難是這種房屋日受歡迎，產業擴張過度；另一難就是人愈來愈貪婪。

房子透過代理數家房商的獨立仲介公司或由公司自營的仲介部門出售。就在賣房的現場，購屋者可以找到房貸商，而此房貸商又常是建商或是售屋商。就此而言沒什麼問題，聽起來就像是汽車代理商的經營模式。

但問題出在整個產業像得了傳染病似的，拚命地促銷，任何人只要在銷售同意書上簽字就成交，不管此人信用紀錄好壞，而這種房貸註定要出現違約的。

賣出大量的單位讓售屋商立即賺到錢，銷售員也可分到巨額佣金；但也帶來嚴重的長遠經濟問題。事實就是，許多房子賣給了經濟條件甚差的人，結果房子被查扣的比例甚高，降低了對新房屋的需求。失業率在前幾年升高，拖欠債款的事件頻傳。一九九〇年代的成屋庫存過量，加上經濟緊縮造成全面開支減少，加速整個產業的困境惡化。

如果成屋產業普遍放出信用不佳的貸款是最主要的問題，那麼為什麼大家一窩蜂這麼做？答案是：因為大家都這麼做，如果不做又怕失去市占率。總之，就是制度性強制惹的禍。克雷登雖在這波產業困境中並未全身而退，但所幸避開了致命傷。

是克雷登發給銷售員佣金的方式救了他們。克雷登銷售員與銷售主管的佣金計算不僅要看賣出幾個單位，還要看放款的品質和績效。銷售員要分擔違約付款的財務責任，而如果付款情況穩定，銷售員的收入也跟著增加。就以負責賣掉一棟兩萬四千美元拖車房屋的銷售經理為例；如果這家顧客付不出貸款，克雷登一般會損失兩千五百美元，這個經理要負責其中的一半。但如果付款正常，這個經理便有一千兩百五十美元進帳。這讓不良放款的責任轉由銷售人員來承擔。

這個方法很見效，二〇〇二年克雷登的房貸屋主中「只有二．三％的人遲付三十天貸款。」這幾乎是同業違約率的一半。一九九〇年代末，倒了八十家工廠四千家房商，克雷登卻只關掉三十一個銷售點，一家工廠也沒關。到了二〇〇三年，當巴菲特參與作業後，克雷登隨著整體經濟開始好轉以及可移動房屋市場業強勢的復甦而漸入佳境，同業裡沒人像克雷登一樣好。

巴菲特收購克雷登置屋是看中克雷登本人用心創業、一流的經營能力、以及聰慧過人。克雷登以自創的企業模式在衰敗的產業環境中，避開了禍害無窮的制度性強制銷售風潮。

案例：華盛頓郵報

最後我們又要來看華盛頓郵報公司的表演。巴菲特曾告訴我們，即使是份三流報紙也有利可圖。既然市場不要求高品質的報紙，那就只有看經營者想怎麼要求自己。與其他報紙比較時，經營者的高標準與能力決定了不同的獲利結果。

一九七三年，如果巴菲特像投資《華盛頓郵報》一樣，也投資加內報業（Gannett）、騎士報業（Knight-Ridder）、《紐約時報》及《時報明鏡》（*Times Mirror*）等公司一千萬美元，他的投資報酬還是會高於平均，這反映了那個時期新聞事業特殊的經濟條件。但《華盛頓郵報》比這幾家同業多賺到了二到三億美元的市值，巴菲特說：「這主要是來自凱瑟琳決策高人一等，其他媒體公司經理人的決策能力就相形見絀。」

凱瑟琳．葛蘭姆有腦子在郵報股價低時大量購回。巴菲特說，她也勇敢面對工會、降低支出、並提高報紙的價值。《華盛頓郵報》股東要慶幸凱瑟琳替公司做了有利的定位。

> 在評估人們時，你要看三種品質：品格、智慧和活力。如果少了品格，另兩項會害死你。
>
> ——巴菲特，摘自一九九三年一月二日《奧瑪合世界先驅報》〈巴菲特與學生談策略〉一文

巴菲特談管理、道德和理性

在與波克夏股東溝通時（其實比較像是對全世界的投資人說話），巴菲特總是強調他在找尋坦率的經理人。他相信這不僅是當今世界裡的企業價值，也是決定公司長期成功與獲利與否的關鍵。巴菲特個人十分重視高階主管的待遇、認股權、獨立董事、會計手法等事情，並毫不遲疑地告訴我們他的想法。

CEO的貪婪和不排眾議

在二〇〇一年給股東的信上巴菲特寫道：「蒙格與我對過去幾年的情況深惡痛絕，在股東損失上億時，執行長與幫腔者以及其他高位者安然無事地中飽私囊而去。說真的，這些人在鼓動投資人買股票的同時，自己卻大量拋出持股，有時候還設法掩藏他們的行徑。丟臉的是，這些公司的領導人把股東當成傻瓜，而不是夥伴。美國企業界充斥著這種壞份子。」

會計醜聞在美國四處響起警訊，股東開始懷疑他們的公司是否誠實且透明地處理事情。我們日益感受到這種制度有問題，執行長領高薪不說，還享用公司的專機與奢靡的宴會；董事們成了經營團隊決定的橡皮圖章，凡事只會點頭。

看來沒有一位執行長能抗拒其他執行長也享有的巨額薪資與奢華生活誘惑。在這些情況中，制度性強制具有最大的破壞力。

巴菲特認為事情至今並沒什麼改善。二〇〇三年給股東的信上，他痛批除惡不盡的「貪婪病」。他寫道：「執行長巧取豪奪的做法在一九九〇年代不斷加劇，彼此競相爭做最高薪待遇的寶座，並引發全面的跟進。在判斷美國企業界是否真的有意自我改革時，執行長的待遇仍是檢驗的準則，是最難過的一關。到目前為止，結果並不樂觀。」請記住，說這句話的老兄沒向公司要認股權，年薪至今只取十萬美元。

認股權不對味

除了令人豔羨的薪水，上市公司的高階主管習慣以固定的認股價格犒賞自己，定價標準則通常是基於企業收益，而不是高階主管的實際表現。

這不符巴菲特的天性。他說，如果不分好壞的給予認股權，表現低於平均的經理就與績效一流的經理人獲得同樣豐碩的獎勵。巴菲特看來，即使你的球隊贏得冠軍，你不可以給打擊率三成五與打擊率只有一成五的人同樣獎勵。

在波克夏，巴菲特有套獎勵經理人績效的待遇制度。獎勵不受限於企業大小、個人年齡、或波克夏的整體獲利。巴菲特相信，不論波克夏的股價漲跌，必須獎勵績效好的單位。反之，高階主管是以達到負責業務的績效目標的表現做為受薪標準。有些經理人因為銷售成長而受獎，也有人因為減少費用或降低成本支出而獲利。到了年底，巴菲特不發給認股權，而是開支票；有時支票上金額驚人。經理人可以隨意地用這些錢，許多人便用來買波克夏的股票。

即使認股權是高階主管合法的部分所得，巴菲特也要我們注意在資產負債表上是怎麼算的。他相信，認股權要當做支出，才能明確顯示對獲利報告的影響。儘管這看來毫無爭議，但可悲的是並非所有公司都持這種看法。

就巴菲特看來，這是高階主管非領高薪不可的另一種醜惡面。在二〇〇三年給股東的信上他寫著：「當執行長或其代表與薪資委員會討論時，通常執行長這一方遠比另一方關注達成什麼協議。例如，收到十萬股或五十萬股的認股權對執行長來說簡直是天壤之別，但對委員會，多點少點沒關係，尤其是十萬股或五十萬股都不影響公司提出的獲利報告。在這種情況下，兩造的談判不過就是玩錢這回事。」

巴菲特對此事的立場強烈，可以從他回應亞馬遜網路書店二〇〇三年四月宣布要把認股權列為支出就可看出。巴菲特寫了封信給亞馬遜執行長傑夫．貝佐斯（Jeff Bezos）說，要很有勇氣才能這麼做，他的決定會「受到肯定，人們不會忘記這件事。」一週後，巴菲特買進九千八百三十萬美元亞馬遜高配息的公司債。

見不得人的假帳本

凡在二〇〇一年下半年有看報章的人，都無法不注意到企業不當行為紛紛湧現的趨勢。連續幾個月，我們看著事情擴大成惡夢，醜聞一件一件爆發，涉案的有些還是美國最知名企業。所有這一切可以用「會計醜聞」一語涵蓋，因為不當行為都與會計做假有關，也因為外聘的稽核員本該核實會計報告，結果卻一起參與做假行動。

一九九一年（注意這個時間）巴菲特就在波克夏年度報告中指出：「經營團隊以會計手法掩蓋營運問題，久了當然紙包不住火。」

當然出問題的絕不只是會計，而是因為貪婪、謊言以及不法行徑。但會計報告是個可看出問題徵兆的好起點。在二〇〇二年給股東的信上，巴菲特警告投資人要仔細看年報。他寫道：「如果你有讀最近幾年的財報，你會看到許多『預估的』收益聲明，經理人一定列表舉出查帳人不會同意的超額收益。在這些表格上，執行長告訴股東『別計這，別計那，只要計收益肥的就好了。』經營團隊臉不紅地一年接著一年要股東別理會所有不利的因素。」

巴菲特難掩對這些醜聞的厭惡。他說：「發生這種公然的惡行形同背叛了數百萬股東的信任。」他責怪一九九〇年代抄捷徑之風造成企業倫理喪失，並以「大泡沫」稱這段人們急於致富的時期。他說：「股價上漲，經理人的行為規範就下滑。到了一九九〇年末，昏了頭的執行長脫離了現實。許多人舉止惡劣，捏造數字，並以離譜的高薪支付平庸的表現。」許多時候，他們公司的董事可悲地未盡照顧股東利益的職守。

失守的董事會和公司治理

巴菲特並指出，企業的治理還有部分問題是董事會無恥，自甘淪於橡皮圖章，不論資深主管作何要求都照單全收。這涉及獨立判斷與膽識，以及董事在冒著惹惱資深主管下願意忠於職守到何程度。

巴菲特寫道：「真正的獨立就是在見到錯誤或愚蠢的事時，願意挑戰強勢執行長，這是董事難能可貴的特質，也極為罕見。這種品質只有在把小股東利益當回事的上乘人士身上才看得到。」巴菲特進一步解釋，他舉出他想在波克夏董事身上看到的是「高貴的品格、商業的頭腦、以股東為重、真正獻身公司。」

我們真能給經營團隊開個價嗎？

巴菲特會第一個承認，以理性、坦誠、獨立思考三個面向來評估經理人，要比衡量財務績效困難多了；簡單說就是人比數字複雜多了。

確實如此，許多分析師相信因為人類舉止難以計量，我們就是無法有信心地算出經營團隊的價值，因此就算做了也徒勞。他們的意思是，沒有小數點就無物可算。另有些人認為，經營團隊的價值充分反映在公司的績效統計，包括銷售、獲利率、以及股東權益報酬率，用不著其他計量標準。

這兩種說法都有可信之處，但都不足以抹煞原始前提。費時評估經營團隊的理由，是讓你提前看到未來財務績效的警告徵兆。

如果你認真注意經營團隊的言行，你可以在公司財報公布前或在報上證券版刊出前，找到計量他們的努力值多少錢的線索。這麼做就得自己動手，意志不堅或懶惰的人可能一聽就打消主意了。這是偷懶者的損失，也會是你動手做的收獲。

我們要如何收集必要的經營者資訊？巴菲特提供幾個竅門。他建議，回頭看公司前幾年的年報，特別注意經營團隊對未來提出的策略為何。接著再與當今的計畫比較。全面實現的狀況如何？同時把前幾年的策略與目前的策略與想法做一比較，看看經營者的思路做了哪些改變。巴菲特也建議，將有心想買的公司的年報與同一產業中類似公司的年報做一比較，也有很高的價值。雖然不容易找到完全一樣的比較，但即使是相關的績效比較也可看出端倪。

> 我讀我屬意的公司的年報，也看競爭同業的年報。這是主要的資訊來源。
>
> ——巴菲特，一九九三年波克夏年度報告

擴大你閱讀的範疇。要注意報紙與財經雜誌對你看中公司甚至所屬產業的有關報導。閱讀公司高階主管如何回應，或者其他人怎麼說他們。如果你注意到這家公司董事長最近有場演講或說明會，不妨從他們的公關部門取份原稿影本並仔細研讀或者也可利用他們的網頁取得最新資訊。不管用什麼方式，要提高個人的警覺。愈習慣注意資訊，做起來就愈容易。

這兒必須說的是，雖然有點難過，你所讀的文件可能充斥誇大的數字、半真半假以及刻意的模糊。我們都知道哪些公司幹這些勾當，它們是美國企業的流氓一派，其中幾位現正在蹲牢房，多的是時間去反省自己的所作所為。

不過，有時這種操作技倆非常高明，即使是明眼的會計也上當，更何況沒有專業知識的一般投資大眾，如何能分辨所見真偽？

令人遺憾的答案是，沒辦法。你可以學會看懂年報和資產負債表，你也應該學會，但如果它們的目的就是要欺瞞與說謊，你或許無法察覺。

我不是叫大家乾脆放棄，而是持續研究，努力追蹤問題源頭。巴菲特在這方面當然可以提供我們一些竅門：

◆**「注意從會計面看起出來相當弱的公司。」**他特別提醒我們注意不把認股權列為支出的公司。這就是明顯的紅色警訊，顯示還有其他沒那麼明顯的操控技倆。

◆**另一面紅色警旗是「看不懂的附註」**。他說，如果你看不懂，別自責；這是經營團隊有意不想讓你知道某些狀況常耍的把戲。

◆**「要小心高唱未來收益與預期成長的公司。」**沒人預知未來，哪個執行長自稱有此本事就不值得你信任。

結論是，巴菲特只與率直真誠的經理人共事，他們坦然面對股東與員工。他堅持守德的行為是做生意的一項條件，在企業醜聞接連爆發之際更具意義。然而他也會最先承認，採取這種立場本質上無法避免受騙造成的損失。

我必須先說我個人的提醒。我無法保障照本書介紹的巴菲特投資法原則便能百分之百保護你。如果公司主管對投資人漫天撒謊，透過做假帳或其他不法操作欺騙，而他們是箇中高手，你很難即時察覺，也常常根本無法發現有異。最後這些掠奪者進了牢房，但對股東已造成傷害，錢已經飛了。

我能說的是，如果你小心審慎地採用巴菲特教我們的方法來看投資，並花時間做好功課；做對的機會要多於犯錯，也當然要比那些隨著頭條新聞或謠言起舞、由人擺布的人有更多做對的機會。

> 我們儘量簡化程序，讓董事長們可以坐下來，讀讀年報
>
> ——蒙格，一九九三年波克夏年度報告

第 7 章

公司可以算出來

財務守則

我寧願大約對了，也不願精準地錯了。

——凱因斯——

在財務守則上，巴菲特重視卓越的管理與經濟績效，而且仍以典型的巴菲特原則為基礎。首先，他不會過分重視某一年的結果，而是關注四到五年的平均表現。他指出，企業獲利在時間上並不一定與行星繞太陽一樣準時。他不滿會計師年底做出漂亮但沒有真正參考價值的數字。他依賴的是幾個恆常的原則：

◆ 專注於股東權益報酬率，而非每股的盈餘。
◆ 計算「業主盈餘」，得出反映真正價值的數字。
◆ 尋找獲利空間高的公司。
◆ 每保留一美元的盈餘，公司是否能創造出至少一美元的市場價值？

股東權益報酬率

習慣上，分析師以每股獲利來計算公司每年的績效。今年有比去年好嗎？有好到可以拿出來吹噓一番嗎？就巴菲特來說，他認為「每股盈餘」是個煙幕彈數字。因為多數的公司保留部分去年收益以增加股本，他看不出每股盈餘創新高有什麼值得大驚小怪。公司每股盈餘年成長一〇%而如果淨值同時加大了一〇%，沒什麼好稀奇的。他解釋說，這和把錢存在銀行讓利息複利累計沒什麼兩樣。

巴菲特相信，經濟表現的考驗是一家公司是否能做到讓股本賺幾十個百分點（「不能使用不正當的操控或會計手法」），而不是看每股的持續獲利。要計算公司一年的表現，巴菲特比較願意用股東權益報酬率，也就是「營運收益」與「股東股本」之比。

要使用這個比率估算，我們得做幾項調整。首先，上市的股票應以其成本而不是股價來計算其價值，因為市場股價變化會影響某些公司的股東權益報酬率。例如，如果股市有一年大漲，因而提高了一家公司的淨值，真正傑出的營運績效在與較大的分母相除就會失色。反之，股價下跌降低了股東淨值，這表示不怎麼樣的表現會看來比實際的好。

第二，我們必須控制不尋常事項對此比率的「分子」造成的影響。巴菲特剔除了所有資本損益以及會增減營收的項日，他要孤立出一家公司的特定年度績效。他想知道經營團隊完成任務的情形，在運用公司資本下到底賺了多少比例的錢。他說這就是衡量經營團隊經濟表現的最好方式。

此外，巴菲特相信一家公司可以不舉債或以少許債務賺到不錯的股東權益報酬率。我們知道，公司可以提高淨值與負債比來提高股東權益報酬比。巴菲特知道這一點，但是他看不上提高舉債讓波克夏股東權益報酬率提高幾個百分點這種想法。他說：「好的業務或投資決定，可以不靠財務槓桿，就會有令人滿意的經濟成效。」再者，高度槓桿操作的公司在經濟走下坡時更易受創。

巴菲特並未建議我們公司應該借多少錢最好。不同的公司可以處理多少債務要視現金流量而定。巴菲特告訴我們的是，一家好公司應能賺到高股東權益報酬率而無須靠槓桿操作。

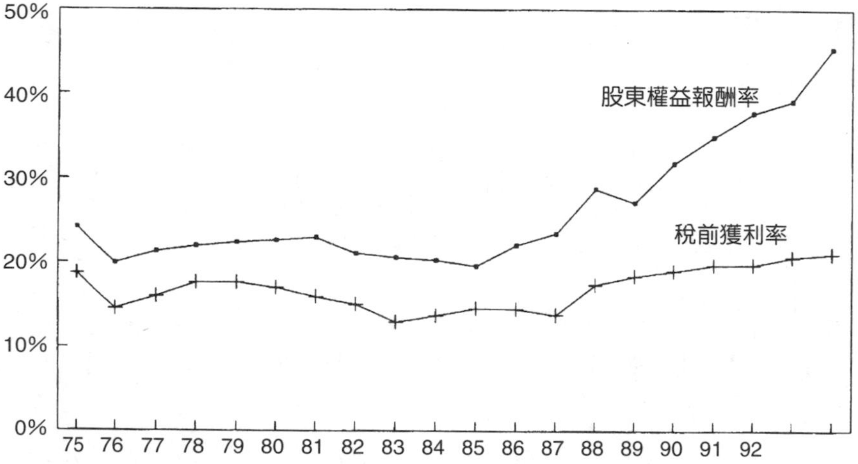

圖 7.1　可口可樂公司股東權益報酬率與稅前獲利率（1975-1992）

投資人要擔心那些只能靠大幅舉債才能有高股東權益報酬率的公司。

可口可樂公司

像葛蘇達重建可口可樂的「一九八〇年代策略」即是一個好例子：可口可樂將所有無法賺到令人滿意股東權益報酬率的業務都砍掉。他強調任何新業務方案都得有足夠的實際成長才能合理化投資。可口可樂不再留戀在停滯的市場裡搶占有率。葛蘇達宣布：「提高每股盈餘並實現較高的股東權益報酬才是重點。」他說到做到。可口可樂製酒事業在一九八三年賣給了加拿大商施格蘭公司。

一九七〇年代可口可樂每年賺到二〇%葛蘇達的股東權益報酬率，這已相當好了，但葛蘇達仍不滿意。他要求更好的回報率，公司也做到了。到了一九八八年，可口可樂的股東權益報酬

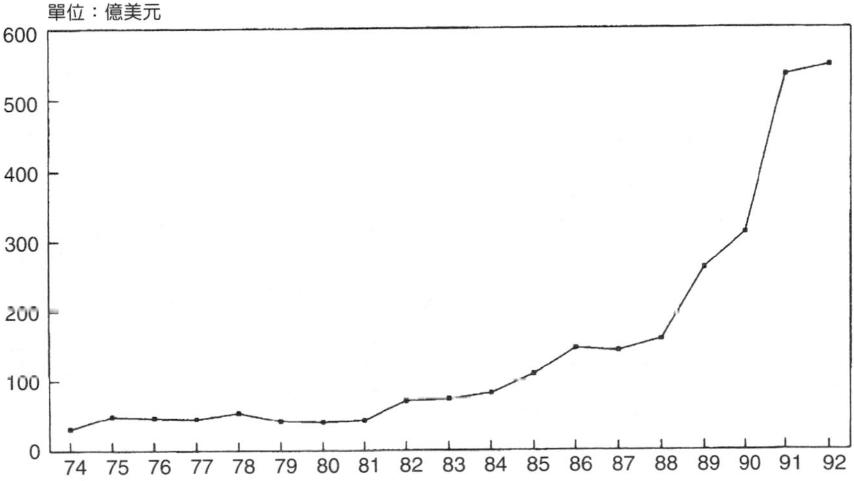

圖 7.2　可口可樂公司總市值（1974-1992）

率提高到三一・八%（見圖7.1）。

無論怎麼衡量，可口可樂在葛蘇達領導下，財務成績都要比前任好了兩三倍，從公司的市值便可看出此結果。一九八〇年可口可樂的市值是四十億美元，到了一九八七年末，即使在十月的股市崩盤後，其市值都增加到一百四十點一億（見圖7.2）。七年內，可口可樂的市值每年平均增加一九・三%。

華盛頓郵報公司

當巴菲特一九七三年買進《華盛頓郵報》股票時，它的股東權益報酬率是一五・三%。一般的報紙都有這種回報率，只比標準普爾工業指數稍好。但五年內，郵報的股東權益報酬率倍增。這時它的報酬率比標準普爾高了一倍，比一般報紙高出五〇%。接著十年，郵報公司持續超前，在一九八八年把回報率拉高到三六・三%。

這份高於平均的回報率顯得更亮眼，尤其當你知道公司正有意識地逐年減少債務。一九七三年郵報長期債務與淨值之比是三七．二%，是報業裡的第二高。驚人的是，一九七八年葛拉漢減少了公司七〇%的負債。一九八三年長期負債與淨值之比降到二．七%，是報業平均比的十分之一，但郵報仍可以賺到一〇%的股東權益報酬率，高於所有同業。

「業主盈餘」

巴菲特提醒，投資人要知道每股盈餘只是決定某公司經濟價值的開始，而不是結束。他說：「首先要知道的是，不是所有的收益都一樣重要。」他指出，資產獲利率（assets to profits ratio）高的公司較傾向報告假收益。因為通貨膨脹會重創資產龐大的公司，這些企業的收益像是海市蜃樓。只有在現金流量達到公司預期時，計算盈餘對分析師才有用。

巴菲特警告，即使是現金流量也不一定是衡量公司價值的完美工具，它常常誤導投資人。對於初期投資大、後期投資小的行業如房地產、油田、有線電視公司等，現金流量確實是衡量公司的適當工具。但在另一方面，要求不斷支出資金的公司如製造商，計算價值時光靠現金流量是不夠的。

公司的現金流量的定義，習慣上是以考量折舊、消耗、攤提、以及其他非現金費用後得出的稅後淨收入。

巴菲特解釋，如此定義現金流量的問題，是它漏了一個重要的經濟因素，即資本支出。

公司一年的盈餘有多少要用在購買新設備、工廠更新、以及其他改進以維持經濟地位和單位量？根據巴菲特的計算，九五%的美國企業用到的資本支出與折舊率相若。他說，你可以拖延資本支出一兩年，但時間長了，你若不做必要的改進，你的事業一定下滑。這些資本支出對公司來說就像是人事與水電費用。

一九八〇年代企業界風行財務槓桿，現金流量數字自然被捧上天，過高的收購企業價格都因為公司現金充足而被合理化。巴菲特相信，現金流量數字「常被收購公司或投資銀行用來合理化不合理的事，繼而賣掉賣不出去的東西。當盈餘看來不足以支付垃圾債券的債息，或合理化過高的股價時，把焦點轉移到現金流量顯得多麼方便。」

巴菲特提醒，你不能只注意現金流量，除非你願意扣除必要的資本支出。

巴菲特不以現金流量為優先考量，而是沿用他所稱的「業主盈餘」（owner's earnings），即公司淨收入加上折舊、耗損與攤提，扣掉資本支出以及必要的額外營運資金。巴菲特承認，這不是精準的數學計算，理由很簡單，因為計算未來資本支出常常只是粗算。他還引述了凱因斯的話：「我寧願是大約對了，也不願精準地錯了。」

像在一九七三年，可口可樂的「業主盈餘」（淨收入加上折舊與扣除資本支出）為一億五千兩百萬美元。到了一九八〇年，業主盈餘為二億六千二百萬美元，每年複成長八%。接著從一九八一到一九八八年，業主盈餘從兩億六千二百萬增加到八億二千八百萬美元，平均

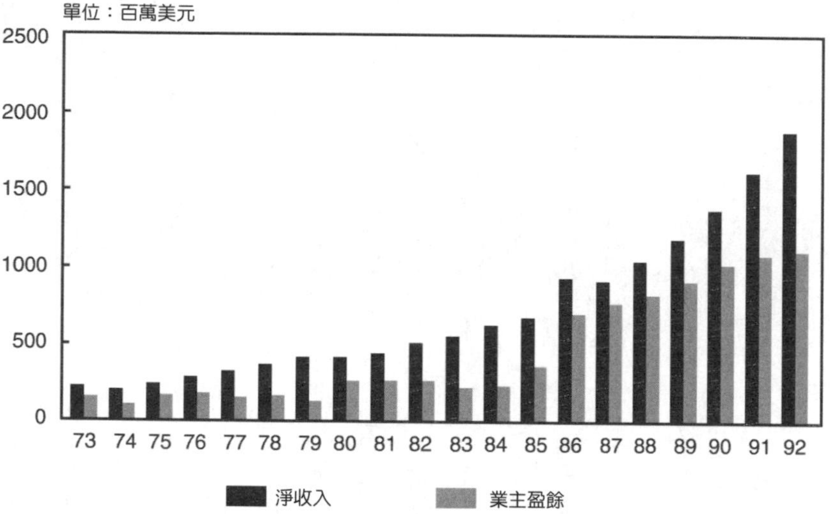

圖 7.3 可口可樂的淨收入與業主盈餘

年複成長率為一七・八%。（見圖7.3）

業主盈餘的成長反映在可口可樂的股價上。從一九七三年到一九八二年，這十年，可口可樂整體獲利每年平均成長六・三%。接下來十年，從一九八三到一九九二年，整體獲利年平均成長三一・一%。

獲利能有多高？

如費雪一樣，巴菲特知道如果經營團隊無法把銷售變成獲利，等於是偉大的企業做了拙劣的投資。就他的經驗，營運成本高的經理人習於想辦法提高管銷費，而營運成本低的經理人總是設法降低成本。

巴菲特對不斷提高成本的經理人從不假辭色。這種經理人必須經常提出降低銷售成本的方案。只要有公司宣布砍成本計畫，他就知道這家公司還弄得懂支出會對公司股東造成什麼影響。巴菲特說：

「真正好的經理人可不是一覺醒來心血來潮地說：『今天我要砍成本』，這就好像他睡醒後才開始練習呼吸一樣荒謬。」

巴菲特了解業務營運需要一定的人力，也相信每做成一美元的生意都需要一定的支出。他特別舉富國銀行的卡爾．雷查德與保羅．哈森（Paul Hazen）不停地刪除不必要的開支為例。他說他們「憎惡人力過剩，在獲利創新高時仍然拚命砍成本，就像是有人強迫他們這麼做似的。」

巴菲特本人處理非必要支出態度也一樣強硬，十分在意波克夏的獲利空間。波克夏當然與眾不同。位於奇威特廣場的總部所有職員還不夠組成一支壘球隊。波克夏沒有法務部門、公關部或投資人關係部門。沒有坐滿MBA出身的員工策略規畫部以負責合併與收購的策略。公司稅後管銷費不到營收的一％。巴菲特說拿這與其他營收相近的公司比較，這些公司的管銷費要占一〇％，股東持股的九％價值就這麼流失了。

只借過一次錢的寵壞主廚

又比如寵壞主廚的克里斯多夫，她以壽險保單借出三千美元創設公司之後，就沒再借過錢了。今天她的公司年銷售額超過七億美元。

顧客先付款再交貨，因而是現金交易的公司。佛羅里達州奧蘭多市直銷顧問公司盧斯暨合夥人的董事長艾倫．盧斯（Alan Luce）預估，寵壞主廚的稅前獲利率為二五％。

可口可樂獲利節節高升

一九八〇年可口可樂稅前獲利率只有一二．九%。數字從一九七三年的一八%連續五年下滑，損失不貲。葛蘇達主持可口可樂的第一年，稅前獲利就提高到一三．七%，到了一九八八年當巴菲特進場買可口可樂股票時，獲利率已創一九%的新高。

《華盛頓郵報》盡力降低成本

華盛頓郵報公司一九七一年公開上市六個月後，葛蘭姆就找上華爾街證券分析師。她告訴他們，公司的第一要務是讓現有的業務獲取最大的獲利。電視台與《新聞週刊》的獲利持續上升，但報業的獲利停滯。她說主因是「生產成本」過高，也就是薪資成本太重。

在郵報買下《時代前鋒報》後，公司的獲利遽增。每次工會罷工印報（一九四九、一九五八、一九六六、一九六八與一九六九年），經營團隊只能滿足他們的要求而不敢冒停機的危險。在這段時間，華府仍有三家報紙。整個一九五〇與六〇年代，持續升高的工資成本吃掉了獲利。凱瑟琳告訴分析師她會解決這個問題。

當工會的合約於一九七〇年代到期時，凱瑟琳派出敢與工會力爭的談判代表。一九七四年公司擊敗了報業工會推動的罷工，經冗長談判後，印刷工人接受新的合約。

一九七〇年初，《富比士》雜誌上說：「《華盛頓郵報》的績效最好也不過就是獲利勉強拿個丙。」一九七三年該報稅前獲利率是一〇・八％，比一九六〇年代曾有的一五％獲利要低了許多。而在成功地與工會達成合約後，郵報的財源廣進。到了一九七八年，獲利率跳到一九・三％，五年內成長了八〇％。

巴菲特的下注回報豐厚。到了一九八八年，郵報公司的稅前獲利已高達三一・八％，比其他報業集團一六・九％的平均獲利，以及標準普爾工業平均指數只漲了八・六％，好太多了。雖然郵報的獲利在最近幾年有些下滑，但仍比同業平均高出許多。

一美元的資本

巴菲特的目標是要挑到「保留一美元盈餘就要變出不低於一美元市值」的公司。依此他能很快看出公司的經營者是否一直在善用公司資本。如果保留的盈餘投資在公司並獲得高於平均的回報，公司市值會等比例增加。

雖然股市長期會合理反映企業價值，但在一年裡頭，股價可能因各種理由波動，而不只是反映價值。巴菲特解釋，保留盈餘亦如此。如果一家公司長期保留盈餘但效力低弱，市場最後會合理地讓價格下跌。反之，如果公司能讓保留資本賺到高於平均的回報，價格自然會反映此成效而上漲。

巴菲特相信如果他挑選的公司，長期經濟遠景看好並有以股東為重的傑出經營團隊，公司的市值將會增加。他有套快速測試的辦法，即增加的市值至少要不低於保留的盈餘，也就是一元換一元。如果市值增加大於保留盈餘，愈大愈好。總而言之，巴菲特說：「在這浩瀚的拍賣市場中，我們的工作是挑出一家能把保留一元盈餘變為至少一元市值這種經濟特質的公司。」

從一九八八年起，巴菲特開始買進可口可樂股票，之後股價飛漲。從十美元一股漲到一九九二年四十五美元一股。在這段時期，可口可樂的表現遠遠超出標準普爾五百指數。

在一九八九到一九九九年間，可口可樂的市值從兩百五十八億增到一千四百三十九億美元。換個方式來看這波成長，一九八九年十二月三十一日投資可口可樂一百美元，將股息再投資，十年後稅前的價值變成六百八十一美元，平均年回報複利率為二一％。在同一時期，可口可樂也淨賺兩百六十九億美元，發配一百零五億美元的股息，保留了一百六十四億的盈餘再投資於公司。公司保留的每一美元卻創造了七．二美元的市值。

到了二〇〇三年末，波克夏投資在可口可樂的十億兩千三百萬元，價值已經超過了百億美元。

另外，一九八八年巴菲特首度介入的吉列，到了一九九二年它的市值增加了九十三億美元。在這段期間，公司賺進十六億美元，發派五億八千二百萬美元給股東，保留十億一千一百萬美元投資公司。每保留一美元，公司的市值增加九．二一美元。

深入研究公司的財務結構本來就很不容易，而沒有巴菲特本事的人想知道非上市公司的數字更是不可能。然而巴菲特會告訴我們，還是值得做，因為在這過程中往往會發現有意義的資訊。

在會計醜聞連番爆發之際，投資人探研財務領域更顯得重要。這方面的努力不保證必能發掘真相，但比你什麼都不做要較可能察覺虛假數字。如巴菲特所說：「總是在保證能『做到某數字』的經營者，有天會做出假數字。」

你該做的是開始學會分辨真偽。

第 8 章

價值，價值，還是價值

價值守則

不要在晚上睡前想著某家公司的股價。我們該想的是價值與公司經營成果；股市是為了服務你而設，不是來指導你。

——巴菲特——

到目前為止，我們談過的巴菲特原則其實都只會導致一個決定：買或不買某公司的股票。投資人必須權衡兩項因素：這家公司價值好嗎？進場時間對嗎——也就是說價格好嗎？股市決定價格。投資人在衡量該公司所有業務、經營團隊以及財務特質的資訊後，再決定公司的價值。價格與價值不一定相等。如巴菲特常說的：「你付出的是價格，得到的是價值。」

如果股市確實發揮效能，價格會即時對所有出現的訊息做出調整。當然，我們知道實情並非如此。由於各種原因，股價經常比公司真正的價值更高或更低，有時並不合理。理論上，投資人以價格與價值之差來做決定。如果價格低於每股的價值，理性投資人會買進。如果價格高於價值，邏輯思考的投資人不會買。公司在歷經經濟衰退或成長時，高明的投資人會定期重估公司的價值，並與股價做一比較，以決定買或賣或繼續抱著股票。總而言之，理性投資有兩個要素：

一、決定企業的價值。

二、只在價格對的時候買，也就是企業被以相當低於其價值的價格賣出時。

> 不要在晚上睡前想著某家公司的股價。我們該想的是價值與公司經營成果；股市是為了服務你而設，不是來指導你。
>
> ——巴菲特，二〇〇三年波克夏年度會議

計算企業的價值

多年來，財務分析師使用許多公式以決定公司的內含價值。有些分析師偏好各種簡略的方法，如低本益比或低「價格與帳面價值比」（price-to-book values）及高股息等。但巴菲特認為早在六十多年前，威廉斯便替大家想好最好的一套方法了（見第二章），巴菲特與其他人都奉威廉斯的「股息折現模式」為決定股票價值的圭臬，威廉斯在《投資價值理論》一書中提出這個模式。

巴菲特常引述威廉斯，告訴我們企業的價值是該事業終身預計會有的全部淨現金流量（業主盈餘），再扣除適當的利息。他認為這就是衡量不同投資形式，例如公債、公司債、普通股、公寓大樓、油井和農場，最適用的量尺。

巴菲特告訴我們，用同一種算法也能估算債券。債券市場每天算出各支債券的利息（coupons）有多少，並把這些附息乘上預設的利率打折，這就算出了債券的價值。要決定一家企業的價值，投資人可估算其事業到未來某一時段間的利息，再把這些利息倒過來扣掉從未來到現今的折扣。巴菲特說：「這麼一來，從馬鞭製造廠到手機通訊商等各種事業，都能以平等的經濟方式加以計算。」

總之，計算一家企業的價值就是預估事業的終身總收益，再扣除未來到今天的折扣。（記住，巴菲特所說的收益是指業主盈餘，也就是扣除資本支出淨現金流量，見第七章。）

要估算未來總收益，我們首先需要理解這家公司的業務性質、財務狀況、經營團隊品質等，使用介紹過的原則來分析。至於公式的第二部分，我們只須決定折扣率是多少就行，等一下我們會更深入地討論。

巴菲特堅持一點，就是他找的公司其未來收益都是可以預期的，就像債券的收益一樣確定。如果這家公司獲利能力長期一貫而穩定，而且如果其業務簡單而易懂，巴菲特相信他可以頗為確定地算出這家公司未來的收益。如果他無法很有把握地推估出一家企業未來現金流量有多少，他就不會計算這家公司的價值，也就不會去買。

> 要適當地算出一家企業的價值，理想上是你把目前到世界末日之間所有可能出現的現金流量，再以適當的折扣率從總額扣除。計算企業價值不過就是如此。等式的一邊是你對會有的現金流量多有信心。有些事業比其他事業好預測。我們想找的事業是可預測的。
>
> ——巴菲特，一九八八年波克夏年度會議

這就是巴菲特不凡之處。雖然他認為微軟是家活力十足的公司，個人也視比爾．蓋茲為一流的經營者，但巴菲特坦承，他不知如何估算微軟的未來獲利能力。這就是他所說的「能力範圍」，他不懂科技業，無法預測任何一家科技公司可能的長期收益。

這帶到公式的第二要素，也就是折扣率多少才適當？巴菲特的回答簡單明快，就是要用被認為是沒有風險的利率。因此多年來他一直使用長期公債利率。因為美國政府在未來三十年付給公債的附息可說是百分之百確定，是無風險的利率。

如果利率低，巴菲特會向上調整折扣率。如果公債利率降到七%以下，巴菲特就把折扣調至一〇%，至今他一直延用這種算法。如果時間久了，利率自己調整回來，他剛好成功估算了利率。如果沒有，他多保留了三個百分點的安全空間。

學術界有些人認為沒有一家公司（不管多有實力）可以保證未來的現金收益能像公債一樣確定。因此，他們堅持認為適當的折扣率應該是無風險的回報率「再加上」風險溢價，以反映公司未來現金流量的不確定。

巴菲特未加進風險溢價，但他靠的是專心找出收益長期穩定並可預期的公司，另外也靠買進時便打了相當折扣所形成的安全空間。巴菲特說：「我十分重視確定性，如果你做到了，風險係數對我而言沒有任何意義。」

案例：可口可樂

巴菲特在一九八八年首次買進可口可樂時，人們問：「可口可樂的價值在哪？」為什麼巴菲特願意以五倍的帳面價值去買收益率只有六・六%的公司？因為就像他常告誡我們的，價格反映不出價值，他相信可口可樂有好價值。

首先，可口可樂賺進三一％的股東權益報酬率，而用了相對低的資本投資。更重要的是，巴菲特能看出葛蘇達經營模式帶來的改變。葛蘇達賣出績效差的事業並再重新投資高績效的糖漿生意。此外，他在市場上買回可口可樂股票，更加提高了公司的經濟價值。巴菲特把這一切都算成價值，讓我們看看他到底是怎麼算的。

一九八八年可口可樂的業主盈餘是八億兩千八百萬美元。美國三十年期的國庫券（無風險利率），當時是以九％的殖利率在交易。可口可樂一九八八年的業主盈餘除以九％，得出九十二億美元的內含價值。巴菲特買進可口可樂時，公司的市值為一百四十八億美元，比內含價值多出了六〇％，一些觀察家便以此認為巴菲特付出的價格過高。但九十二億美元是可口可樂當時的業主盈餘除以折扣後的價值；如果巴菲特願付較高的價格，必然是他看到可口可樂某部分的價值在未來有成長潛力。

當一家公司不必再投資便能提高業主盈餘，以無風險回報率與業主盈餘的預期成長兩者間的差異，確可做為業主盈餘的折扣。分析可口可樂，我們發現業主盈餘從一九八一到八八年每年平均成長一七．八％，遠高於無風險回報率。遇此現象時，分析師以一個兩階段折扣模式來計算「超高成長數年後，便進入較低的穩定成長期」這種公司的未來收益。

我們可以使用這種兩階段流程計算法看看一九八八年時，公司未來現金流量的當前價值（見表8.1）。首先，假設一九八八年開始，可口可樂未來十年每年可以有一五％的業主盈餘率。這是合理的假設，因為這比率低於公司過去七年的平均率。到了第十年，八億二千八百

表 8.1 可口可樂以兩階段「股息」折扣模式（第一階段為十年）扣除業主盈餘

	年									
	1	2	3	4	5	6	7	8	9	10
前一年現金流量	$828	$952	$1,095	$1,259	$1,448	$1,665	$1,915	$2,202	$2,532	$2,912
成長率（加）	15%	15%	15%	15%	15%	15%	15%	15%	15%	15%
現金流量	$952	$1,095	$1,259	$1,448	$1,665	$1,915	$2,202	$2,532	$2,912	$3,349
折扣係數（乘）	0.9174	0.8417	0.7722	0.7084	0.6499	0.5963	0.5470	0.5019	0.4604	0.4224
年折扣價值	$873	$922	$972	$1,026	$1,082	$1,142	$1,204	$1,271	$1,341	$1,415
總現金流量現值					$11,248					
剩餘價值										
第十年之現金流量			$3,349							
成長率（g）（加）			5%							
第十一年現金流量			$3,516							
資本化比率（k 減 g）			4%							
第十年末價值			$87,900							
第十年末折扣係數（乘）			0.4224							
現剩價值					37,129					
公司市值					$48,377					

註：假設第一階段成長率為 15%，假設第二階段成長率為 5%，k= 折扣率 =9%。$ 的單位均以每百萬美元計。

萬美元算起的業主盈餘，應增加到三十三億四千九百萬美元。讓我們進一步假設從第十一年起的收益成長率降為每年五%。以九%的折扣率（長期公債的利率），我們可以倒算出可口可樂一九八八年的內含價值是四百八十三億七千七百萬美元。

但如果我們決定更保守一點，並使用不同的成長率假設會怎樣？如果我們假設可口可樂未來十年的業主盈餘每年成長一二%，接著是成長五%，公司以九%的折扣來計算當前價值會是三百八十一億六千三百萬美元。如果我們又假設這十年也只有五%的成長率，可口可樂至少仍值二百億七千萬美元（八億二千八百萬除以百分四）。

案例：吉列公司

在第四章已經談過，波克夏一九八九年七月買進價值六億美元的吉列優先股。一九九一年二月這些股票一股變兩股後，波克夏把優先股換成一千兩百萬股的普通股，占了吉列流通在市場股票的一一%。

現在波克夏持有殖利率只有一．七%的普通股，相對於優先股保證八．七五%的殖利率，波克夏對吉列的投資不再是有固定收入又有升值潛力的證券，而是單純的買進普通股。但如果波克夏要的是普通股，巴菲特必然看出吉列本身是項好投資。

我們已知巴菲特了解吉列的長期遠景看好。吉列的財務狀況如股東權益報酬率以及稅前獲利率都在改進中。他們提高產品價格，進而拉高股東權益報酬率使其超過平均表現，吉列有此能力表示公司的經濟商譽一流。另一方面，執行長默克勒有意降低長期負債並致力提高股東價值。

簡言之，吉列符合買進的條件。巴菲特還要決定的是吉列的價值，確定吉列的價格沒有過高。吉列在一九九〇年末的業主盈餘為兩億七千五百萬美元，從一九八七年起便每年成長一六%。雖然三年太短，不足以判斷公司的成長，但我們仍可做些假設。一九九一年巴菲特拿吉列與可口可樂做比較。他寫道：「可口可樂與吉列是全球最好的兩家公司，我們期待未來幾年它們的收益會大幅成長。」

一九九一年初，二十年期美國國庫債券以八．六二%的殖利率在市場交易。保守點，我們就以九%的折扣率來算吉列的價值。但就像可口可樂，吉列的收益成長潛力超過折扣率，因此我們得以使用兩階段折扣模式。如果我們假設十年都成長一五%，之後為五%，將一九九〇年業主盈餘率減掉九%的折扣，吉列約值一百六十億美元。如果我們把未來成長調降到一二%，吉列就值一百二十六億美元，如果成長率為一〇%，價值就為一百零八億美元。如果再保守地只預測它成長率七%，吉列的價值至少也有八十五億美元！

案例：華盛頓郵報集團

一九七三年《華盛頓郵報》的總市值為八千萬美元。但巴菲特宣稱：「多數分析師及媒體會估計郵報的內含價值為四億到五億美元間。」巴菲特如何得出此估算？讓我們以巴菲特的理由，算算這些數字。

首先我們計算該年的業主盈餘，淨收益（一千三百三十萬美元）加上折舊與攤提（三百七十萬美元）減掉資本支出（六百六十萬美元）得出一九七三年的業主盈餘一千四十萬美元。如果我們把這些收益除以當時美國長期國庫券的殖利率（六．八一%），華盛頓郵報公司的價值可達一億五千萬，接近市值的兩倍，但仍比巴菲特的估價低了許多。

巴菲特長年來告訴我們，報業的資本支出差不多就是折舊加攤提費用，因此淨收益可以說就是業主盈餘。知道這點後，我們可以就把淨收入除以無風險利率，便得出一億九千六百萬的價值。

假設郵報的業主盈餘成長與通膨率一樣，我們是可以就此打住。但我們知道報業有特殊的決定價格的能力。因為它們在銷售地區內是獨家生意，可以調高價格並超出物價上漲率。所以如果我們再假設：《華盛頓郵報》可以調高售價超過通膨率三%，公司的價值就接近三億五千萬美元。巴菲特也知道設定這家公司一〇%的稅前獲利其實低於過去一五%的平均獲利率，他也知道凱瑟琳有意讓郵報重新有這種獲利率表現。如果稅前獲利提高到一五%，公司的現值就會多出一億三千五百萬，使總內含價值成為四億八千五百萬美元。

案例：富國銀行

最後我們用富國銀行來算算看。一家銀行的價值，是隨著它的淨值以及預期收益而改變。當波克夏於一九九〇年開始買進富國的股票時，富國前一年的收益為六億美元。當時三十年美國公債的平均殖利率約為八・五％。我們可以保守地以九％的折扣率來除富國一九八九年六億美元的收益，銀行的價值約為六十六億美元。如果富國接下來的三十年每年的收益都不超過六億美元，其價值至少有六十六億美元。巴菲特一九九〇年買進富國時，每股的價格為五十八美元。以流通的五千兩百萬股來計，這等於是以三十億美元就可買下富國，比內含價值便宜五五％。

當時投資圈的爭論集中在富國是否有賺錢的能力，因為它的放款問題重重。放空者說它沒有賺錢能力，巴菲特則說有。他心裡清楚整體持有富國固有風險，但他對自己的分析有信心。他按部就班的思考方式值得所有想計算投資風險係數者借鏡。

巴菲特從已知著手。雷查德是當時富國的董事長，從一九八三年起便經營富國，成效可觀。在他的領導下，銀行收入以及股東權益報酬率都見成長，還高於平均表現，營運效益全美一流。雷查德讓銀行的放款也日益健全。

接著巴菲特想像可能違害投資的事情，這有三個可能。

第一個可能風險是大地震，借方會歷經浩劫，轉而讓貸方受害。第二個風險更廣泛，「不管營運得多好，但發生系統性的緊縮或金融恐慌。」當然以上兩者都不能說是絕不可能發生，但巴菲特總結說，根據最強的證據，這兩件事的機率都很低。

第三個風險，也是當時市場最關注的，就是西部房地產價值會重挫，因為超建以及「過度放款促成濫建的銀行會損失重大。」

這有多嚴重？巴菲特認為，房地產價值相當程度的下跌應該不致對像富國這種營運有方的銀行造成重大的問題。巴菲特知道，富國每年在扣除約三億美元的放款損失後，稅前仍有十億美元的收益。他認為，就算一九九一年銀行四百八十億的放款（不僅是商業房貸而是所有的放款）有高達一〇%出了問題，包括利息也賠掉，那虧損平均為放款本金價值的三〇%，富國仍可打平。

在巴菲特看來，發生這種事的機率也頗低。但即使富國有一年沒賺到錢，僅打平，巴菲特也不會退縮。他說：「一年不賺錢，死不了；更何況這可能性很低，不太可能發生。」

當巴菲特以一半公司價值的價格買進，富國就顯得更有吸引力。他的下注得到回報。到一九九三年末，富國的股價飆到一百三十七美元一股，將近三倍於巴菲特的買進價。

在好價錢時買進

專攻懂的事業，重視持久經濟效益、要求經營者以股東為重，巴菲特這幾項特質都很重要，但光有這些投資還不一定就賺錢。要成功，首先得以好價錢買進，繼而公司績效要達到他的預期。第二項並不好控制，但第一項的價格如果不叫人滿意，他不買。

巴菲特的基本目標是找到獲利高於平均的企業，並以低於內含價值的價錢買進。葛拉漢教給巴菲特的就是只在價值與價格出現安全的空間才買進一種股票的重要性。今天它仍是巴菲特的指導準則，雖然他的夥伴蒙格偶而以高價買進一流公司。

安全空間在兩個方面幫助了巴菲特。一是讓他免於價格下滑的風險。如果一家企業的價值只比股價高一點，他不會買該股票。他的理由是公司的內含價值只要稍跌，股價就會跟著跌，甚至低於當時他的進價。但如果價格與價值的差異空間夠大，價值下跌的風險就少。如果巴菲特能以現有內含價值七五%（二五%的折扣）的價錢買進一家公司，而價值隨後跌了一〇%，原始買價依舊可以帶來還不錯的回報。

> **大好的投資機會出現在好公司遭逢不尋常狀況而使股價被低估時。**
>
> ——巴菲特，一九九八年十二月十九日《財星雜誌》

二來，安全空間也幫他帶來超高的股票獲利。如果巴菲特找到高於平均經濟效益的公司，它的股票價值長期會穩定攀升。如果長期淨值收益在一五%的公司，其股價會比淨值收益一〇%的公司每年都要多漲點。再者，如果巴菲特利用安全空間，以低於內含價值甚多的折扣買到頂尖企業，波克夏便能在市場調整該企業價格時大賺一筆。巴菲特說：「市場就像上帝，幫助自助的人，但也不像上帝，市場不原諒那些不知道自己在幹什麼的人。」

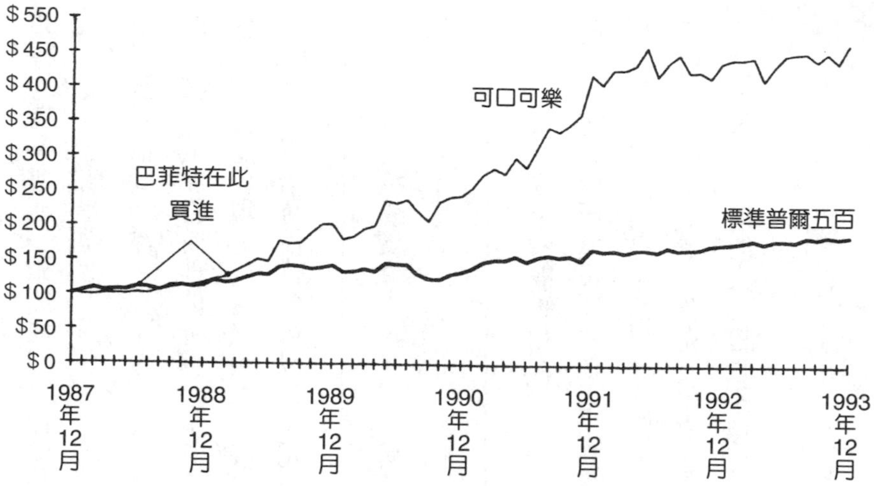

圖 8.1　可口可樂普通股股價與標準普爾五百指數的比較（1987-1993 年）

謀定而後賭，全都賭對

從葛蘇達一九八〇年接掌可口可樂後，公司的股價年年漲。在巴菲特開始首次買進後的五年，股價每年平均上漲一八%。公司大賺錢，巴菲特無法再以壓低的價格買進。不過，他仍持續買進，他提醒我們，價格不代表價值。

一九八八年六月，可口可樂每股約為十美元（在公司股票分割後），接下來的十個月，巴菲特買進九千三百四十萬股，平均價為每股一〇．九六美元，是收益的十五倍，現金流量的十二倍，帳面價值的五倍。他願意這麼做是因為可口可樂不凡的經濟商譽，他同時相信公司的內含價值更高。

可口可樂一九八八與八九年在巴菲特買進期間的市值平均為一百五十一億美元，但他相信其內含價值更高，為兩百億美元（假設未來有五%

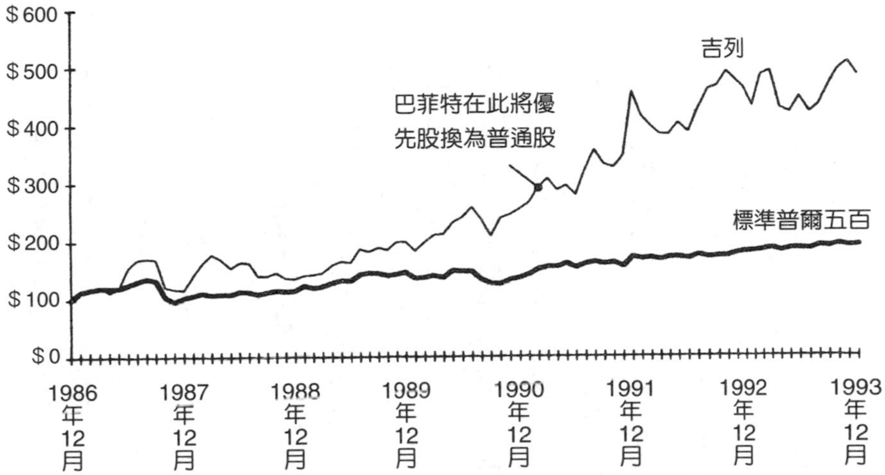

圖 8.2 吉列普通股股價與標準普爾五百指數的比較（1986-1993 年）

的成長），三百二十億美元（假設一〇％的成長），三百八十億美元（假設一二％的成長），或許甚至可以高達四百八十億美元（如果是一五％的成長）。因此巴菲特的安全空間（折扣後的內含價值）可以保守地低到二七％或高到七〇％。與此同時，他仍堅信可口可樂的股價打敗市場獲利率的可能將愈來愈高（見圖 8.1）。

因此巴菲特怎麼做？在一九八八到八九年間，波克夏加買了十億美元可口可樂的股票，占波克夏普通股組合的三五％。這個舉動很大膽，但是根據巴菲特指導原則出手的，當成功可能性高時，他願下大賭注。

從一九八四到一九九〇年，吉列的股價是每年平均漲二七％。一九八九年，股價漲了四八％；一九九〇年漲了二八％，接下的一年波克夏便將持有的優先股換成普通股（見圖 8.2）一九九一年的二月，吉列的股價漲了七三％（股票分割前），創當時股價新高。當時波克夏持有九千七百萬流通股，在股票分割後，總持股增加到一億九百萬股。吉列當時的市值為八十億三千萬美元。

這就看你如何假設吉列的成長，在轉換成普通股時，吉列的股價是被打了五折（業主盈餘成長為一五％），打了三．七折（成長為一二％），或是打了二．五折（成長為一〇％）。

最保守的市值估算顯示，巴菲特以內含價值二分之一的價位買下《華盛頓郵報》。他則堅稱是以四分之一的價值買下來的。不管是哪種狀況，巴菲特都實踐了葛拉漢的理論：低價買進營造了安全空間。

據稱巴菲特是以八十到九十萬美元間買下寵壞主廚的主要股份。以二〇％到二五％稅前獲利率來計算，這意味著寵壞是以稅前收入四．三到五倍，或淨收入六．五到七．五的價格買進的（已考量所有應繳的稅）。

以二五％或更高的營收成長，以及可隨時轉換成現金的淨收益，從高收益比到收益倍數，以及高的資本回報率，毫無疑問地，寵壞主廚都是以相當大的折扣價買進。

不過，波克夏在安全低價時的收購也並非全然順利，克雷登置屋一案巴菲特就曾為賣價糾纏許久。

那時克雷登每股一二．五美元，巴菲特在二〇〇三年四月提出的是在債權銀行一個月前設定的一一．四九美元到一五．五八美元價格區間的低價。克雷登經營團隊認為此價格合理，因為當時該行業整體都不振。但克雷登的股東們向法院提出申訴，說波克夏開出的併購條件遠低於克雷登股票的真正價值。歐比斯投資管理公司（Obis Investment Management Ltd.）的總顧問詹姆斯．杜爾（James J. Dorr）以其持有五．四%的股權投票反對這項合併案，他不滿地說：「實情是巴菲特想買下你們，你們就不該賣，至少不是以他的開價。」這句話用來評論一個價值投資者，或許對巴菲特是種高度肯定。

但巴菲特堅持不改開價。在股東表決時，他寫道：「移動房屋的生意情況很糟，像克雷登這種公司每年至少要借十億美元，銷售還持續下滑，以後將愈來愈難借到錢。」克雷登董事會同意。接著，為表示對克雷登的支持，巴菲特接著表示，在開出條件後已先借給該公司三億六千萬美元。最後巴菲特與克雷登經營團隊在股東表決上險勝。

重點個案：拉森朱爾（Larson-Juhl）

二〇〇一年，巴菲特與拉森朱爾公司以兩億兩千三百萬美元達成收購協議，這是家供應訂製畫框的批發商。

拉森朱爾是典型巴菲特會看上的公司，它體質強健、經濟效益好、經營團隊強，在業內口碑絕佳，只是遭遇短期不景氣，造成股價下挫。

這家公司由克雷格．彭吉歐（Craig Ponzio）個人全權持有，他既是傑出的設計家，做起生意也不落人後。讀大學時，他在拉森相框公司的製造廠工作，最後在一九八一年買下公司。七年後，他收購對手朱爾太平洋（Juhl-Pacific），並重新命名公司為拉森朱爾。彭吉歐在一九八一年買下拉森時，拉森的年銷售額為三百萬美元，二〇〇一年時拉森朱爾銷售超過三億美元。

巴菲特推崇的正是這種績效。

他也推崇這家公司的營運結構，它製造與銷售訂製相框的材料，如花俏畫框模組、框邊板、壁紙板、玻璃、及各種工具。各地裱畫商店展示出售的各種框邊模組，但幾乎不留庫存。當顧客挑選了某樣式，店家即刻下單訂製模組。這是拉森朱爾獨特之處。透過在全美的二十三個製造工廠與出售中心網，它能快速完成訂單。絕大多數的時候，分析師說在九五%的時間，生產線能在次日收到材料。以這種服務水準，即使價格較高，少有店家更換供應商。這給了拉森朱爾明確而可靠的競爭優勢，巴菲特稱之為「護城河」。

為了進一步強化護城河，拉森朱爾還進行了普遍被譽為業界典範的策略。裱畫商店下單訂一呎長的模組材料，再依據顧客的要求切出準確尺寸。如果模組裂開或切得不夠乾淨，邊角就無法牢接，但這些店家說，拉森朱爾的模組每次都能做出完美的邊角。高品質的商譽不但使拉森朱爾成為業界最大也是最具聲譽的公司。拉森朱爾銷售大量框架與成品給一萬八千多位顧客，是美國的供應大廠，在歐洲、亞洲以及澳洲也設有二十三個廠。

總之，拉森朱爾有著許多巴菲特看上的品質。事業簡單易懂，公司具有長期穩定的歷史，最早的組裝公司可追溯到百年前。它也有可預期的未來，長期遠景看好。訂作框架的要件如框邊、玻璃與紙板不致於因科技變化而落伍，顧客想要的特別處理也不太可能消失。

而在這特別時刻，引起巴菲特興趣的卻是能以好價錢取得該公司，他相信該公司獲利降低造成的股價下滑只是個短暫現象。

在該公司會計年度二〇〇一年（八月結束），拉森朱爾淨銷售為三億一千四百萬美元，營收現金為三千八十萬美元。與二〇〇〇年的三億六千一百萬美元的淨銷售以及三千九百一十萬美元營收現金以及一九九九年三億八千六百萬美元的銷售額都少了些。知道巴菲特一般是怎麼算價值的，我們可以大膽猜測他對拉森朱爾的財務分析。

他以標準的一〇%為股息折扣率，再調之以合理的三%成長率，這家公司在二〇〇一年的價值會是四億四千萬美元（三千八十萬美元除以「一〇%減三%」）。因此是以兩億兩千三百萬美元買進這個好價值。同時，巴菲特相信公司的基本經濟面良好，低的數字只是回應當時萎縮經濟的短暫現象。

一如其他個案，是拉森朱爾找上波克夏，而不是波克夏找拉森朱爾。巴菲特形容當時的情形：「彭吉歐打電話來之前，我沒聽過拉森朱爾，但和他談了幾分鐘我就認為我們會做成生意。他直接了當說明了他們的事業，在乎誰買走公司，而且價格實在。兩天後，彭吉歐以及執行長史蒂夫．邁肯吉（Steve McKenzie）來到奧瑪哈，九十分鐘後我們達成協議。」他們從第一次接觸到簽完合約，只費了十二天。

重點個案：織造成果公司

二〇〇一年織造成果公司是在破產法庭的監督下營運，波克夏提出以八億三千五百萬美元收購該公司的成衣部分（其核心事業）。做為破產條件之一，織造成果公司必須公開拍賣徵求最高價買主。二〇〇二年一月，法庭宣布波克夏得標，銷售收入並得歸還債權人。

波克夏提出購買條件時，織造成果公司整體負債為十六億美元，十二億美元屬於有擔保的貸方和債券持有人，四億為無擔保債權持有人。依據協議的條件，有擔保貸方可收回七三％債務，無擔保債主可收回一〇％。

一九九九年申請破產前，公司的資產為二三．五億美元，在重組過程中虧損。到了二〇〇〇年十月三十一日時，公司資產剩下二十．二億美元。因此，簡單說，巴菲特以八億三千五百萬美元買到值二十億美元資產的公司，這筆錢用來償還十六億美元的部分債務。

這其中還另有玄機。織造成果公司破產後不久，波克夏以面值的半價買下它的債務（債券與銀行貸款）。在破產期間，舊債的利息照付，讓波克夏享有一五％的回報。事實上，巴菲特買下一家欠他錢的公司，接著再還錢。如巴菲特解釋：「我們的持股增加到織造成果公司舊債的一〇％，最後或許會還給我們七〇％的帳面價值。經由此投資，我們間接降低了收購價，省了一筆小錢，買下此公司。」

只有像巴菲特這種少數人可以說一億五百萬美元是筆「小錢」，但事實上，算進利息所得，購買這家公司的淨價只剩七億三千萬美元。破產銀行在審查波克夏提出的條件時，《奧瑪哈世界前鋒報》一位記者問分析師崔維斯．帕斯卡維斯（Travis Pascavis）關於這項交易的看法。他指出，像織造成果這種公司通常是以帳面價值成交，就本案來說應是十四億美元。因此，以八億三千五百萬的標價（最後實際上只是七億三千萬），波克夏確實是以折扣價買進一家公司。

找到好公司

巴菲特不止一次說，投資股票真的很簡單，就是找到由術德兼備者經營的好公司，而當時的股價又低於內含價值。難怪聽他這麼說的人這些年來都會告訴自己：「當然，如果你是巴菲特就簡單了，對我可就沒那麼簡單。」

兩種情緒都沒錯。找到這種公司費時又費力，絕不簡單。但接下來決定公司價值以決定股價是否對了，就要靠正確運用這些變數，並不太難。本章所舉的投資守則就對你很有用：

◆把注意力放在可預期前景的公司上。如果你只找有長期一貫營運歷史、前景看好、基本上生產同樣一些產品給同樣市場的公司，你就會有辦法知道這些公司的未來如何。同理亦真，你要專注於熟知的事業，因為對不熟的公司，你就無法解釋新發展可能造成的影響。

◆專注於經營得當的公司。好的經營者使公司未來成功的機率大增。

◆合併應用找對事業與挑對管理者的守則，可以讓你看清公司未來收益的潛力。

◆財務分析會讓你看到決定公司真正價值所需的數字。

◆價值分析能帶你透過數學演算解答最後一個問題：根據所知一切，這是好樁買賣嗎？

有關價值分析的兩項守則（計算公司價值與預留安全空間）很重要。但如果你無法全面應付其他的細節，也別太擔心。別被過多的資訊癱瘓了。盡力而為，著手去做，繼續前進。

第9章

買股但心中無股

投資「固定收入」的標的

將巴菲特與債券聯想在一起，對你或許很新鮮；但如果知道他用的是衡量公司與股票價值的同一標準，你也會同樣吃驚。

——巴菲特——

或許巴菲特在投資世界裡具盛名的是他如何挑選普通股，他對可口可樂、美國運通以及《華盛頓郵報》、吉列等公司的「買後長抱」立場更是舉世皆知。但他的投資不僅限於股票。他也會買短期與長期固定收入有價證券（fixed-income securities）。

固定收入證券包括現金、債券與優先股。事實上，固定收入證券的投資是巴菲特慣常使用的渠道，其中有些商機被低估。不論何時他都是在找尋最高的稅後回報。近幾年，也開始進軍債務市場，包括政府與企業債券、可轉換優先股、甚至高殖利率的垃圾債券。

在我們深入檢視這些收入固定的交易時，我們會看到一些熟識的東西，因為巴菲特在投資股票上使用同一的方式。他要有安全空間、承諾、低價（折扣），堅持強勢而誠實的經營團隊、良好的資本配置，以及獲利的潛力。他的決定重點不在熱門趨勢或市場時機因素，而是依據特定機會的高明投資，巴菲特相信這些機會藏有被低估的資產或證券。

巴菲特投資風格的這一面，並未受到財經新聞界的重視，但卻是波克夏整體投資組合的重要一環。固定收入證券在一九九二年就占了波克夏投資組合的二〇%，十四年後比例提高到三〇%。

納入這些固定收益投資的理由簡單，就是在那個時間它們最有價值。因為波克夏投資組合的絕對成長以及投資環境的改變，包括找不到吸引他投資的上市股票，巴菲特轉而想買下整家公司或收益固定的證券。二〇〇三年他在給股東的信中寫道，他難以找到被相當低估的股票，「這個困難更因為我們必須配置的資金暴增而加重。」

在二〇〇三年同一封信中，巴菲特解釋波克夏會持續過去運用資金的方式，他說：「如果股票變得比整家企業便宜，我們會大量買進。如果有些債券變得有吸引力，就像在二〇〇二年，我們會再大買這些證券。在任何市場或經濟狀況下，我們都樂於買下達到我們標準的事業。同時也包括那些符合條件的公司，愈大愈好。我們的資金現在尚未被充分運用。陷於這種情況非我樂見，但總比做出蠢事好。（這是我的經驗之談）」

就某種程度來說，波克夏投資組合必須要有固定收入類的投資，因為波克夏的主業是保險。要盡對投保人的責任，保險公司必須投資部分資產到固定收入證券上。不過，與其他保險同業相比，波克夏的組合中固定收入證券所占比例仍小多了。

整體而言，巴菲特在擔心通膨持續不退時，比較傾向於避開固定收入的投資（除了保險投資組合所必需之外），通膨會吃掉金錢未來的購買力，債券的價值也會跟著降低。儘管一九七〇年代末與八〇年代初的利率與多數企業的獲利相近，巴菲特並未搶買長期公債。就他而言，通膨失控的可能永遠存在。在那種環境，普通股會失去其真正的價值，但尚未償還的債券會損失更重。保險公司在通膨大漲時大量投資債券，有可能重創其投資組合。

將巴菲特與債券聯想在一起，對你或許很新鮮；但如果知道他用的是衡量公司與股票價值的同一標準，你也會同樣吃驚。他是個講究原則的投資人，他只把錢放在有獲利可能的交易，他並確定交易價格已扣除了風險。即使是固定收入交易，他也會從企業股東的角度，要求密切注意發行債券公司的經營團隊、價值以及績效。這種以「視債券為事業」的方法來對待固定收入的投資非常不尋常，但巴菲特用來得心應手。

債券

華盛頓公共電力供應系統

一九八三年，巴菲特決定要買些華盛頓公共電力供應系統（Washington Public Power Supply System, WPPSS）的債券。這項交易能清楚說明，巴菲特的考量過程：在買下整家公司抑或買進債券之間，哪個可能獲利較好。

一九八三年七月二十五日，華盛頓公共電力供應系統宣布，他們兩個未完工的核能反應爐「工程四」與「工程五」的二五．五億美元市場債券，該公司無法償還。州政府裁決，地方政府沒有義務支付之前承諾要用、但最後無此需要之電力的錢給華盛頓公共電力供應系統。這項裁決造成美國歷史上最嚴重一次債券違約事件。違約的規模以及之後造成的災害，讓公共電力債券市場受制多年。投資人急忙賣出手上公共設施的債券，迫使價格下滑、殖利率升高。

華盛頓公共電力供應系統工程四與工程五的烏雲籠罩了工程一、二和三。但巴菲特看出

四、五工程與一、二、三工程兩者的條件與義務差異很大。最早的三項工程屬於營運公共設施，不受政府單位波恩維爾電力署（Bonneville Power Administration）管轄；然而，工程四與五的問題嚴重，有些人甚至預測會傷害波恩維爾電力署的威信。

巴菲特評估購買華盛頓公共電力供應系統工程一、二、三的風險。這些債券當然有違約的風險，可能很長時間繳不出利息。另外還有個因素是這些債券價值有上限。即使他能以比面值更低的價格買到這些債券，到期時每一元的債券還是只值一元。

工程四與五違約後不久，標準普爾停止了給工程一、二、三的評等。工程一、二、三付息最低的債券跌到一元只值四十分，而殖利率則高達一五%到一七%，還免稅。付息最高的債券跌到一元值八十分，殖利率一樣。從一九八三年十月到次年的六月，巴菲特未受動搖，他大力買進華盛頓公共電力供應系統為工程一、二、三發行的公債。到了一九八四年六月底，波克夏持有一億三千九百萬美元的華盛頓公共電力供應系統工程一、二、三的公債，（最高與最低利息的都有），而票面價值則為兩億五百萬美元。

巴菲特解釋，波克夏買進華盛頓公共電力供應系統一億三千九百萬美元的事業，每年稅後可以賺到兩千兩百七十萬美元（是華盛頓公共電力供應系統年利息累進的價值）並且是以現金付給波克夏。巴菲特指出，當時能以低於帳面價值買到，不用槓桿操作的資金且有稅一六．三%收益的公司不多。巴菲特盤算，如果他投入兩億五千萬到三億美元間的成本去買一家不用槓桿操作的公司，這家公司稅後有兩千兩白七十萬美元的收益（稅前為四千五百萬美元），同時公司的體質健康並且是他懂而喜歡的事業，巴菲特會樂於付出這筆費用。但他指出，波克夏以半價支付華盛頓公共電力供應系統的債券，卻實現同額的收益。再者，波克夏等於是以帳面價值的三．二折買進此事業（債券）。

回頭看，巴菲特承認購買華盛頓公共電力供應系統公債的結果比預期要好。事實上，這些公債在一九八三年的獲利績效優於其他收購的多數事業。之後巴菲特賣掉華盛頓公共電力供應系統低附息的債券。他以低於票面價值甚多的價格買進，價格漲了一倍，而年付給波克夏的回報率為免稅的一五％到一七％。巴菲特說：「我們這次華盛頓公共電力供應系統的經驗雖然愉快，但並未改變我們對長期債券的負面看法。它只讓我們期待還會再遇到另個類似的醜事，他們的麻煩使其價值被市場嚴重低估。」

RJR 奈比斯科食品（RJR Nabisco）

一九八〇年代末，金融市場多了個新的投資工具，正式名稱為「高殖利率債券」（high-yield bond），但多數投資人稱它為垃圾債券。

就巴菲特而言，這些新的高殖利率債券不同於其前身「落難天使」（fallen angels），這是巴菲特稱投資級債券的用語，它們在壞時期下跌，被評等公司降級。華盛頓公共電力供應系統公債就是落難天使。他形容新的高殖利率債券為落難天使的破爛原形，他說，這種債券還沒發行便是垃圾了。

華爾街證券銷售人員之所以能合法叫人買垃圾債券就是引述之前的研究，顯示較高的利率彌補投資所冒的違約風險。巴菲特認為，早期違約統計數字毫無意義，因為它們是根據某類債券，與當時發行中的垃圾債券截然不同。他說，把垃圾債券與落難天使視為同物並不合邏輯。

如一九八〇年代所呈現的，高殖利率債券在市場湧現後變得更無價值。巴菲特說：「排山倒海的垃圾債券被沒良心的人賣給不用大腦的人，而市場兩種人都不缺。」在債券的高峰期，巴菲特預言某類金融企業必然會倒閉，因為債臺高築的公司顯然窮於支付利息。一九八九年，索司馬克（Southmark Corporation）與糧油食品進出口公司（Integrated Resources）都無法償還他們的債券。甚至以垃圾債券打造的美國零售帝國肯皮歐公司（Campeau Corporation）也宣布難以償債。接著一九八九年十月十三日，UAL公司宣布借不到錢了，原本的目標是由管理層與工會發行高殖利率的公債，有意籌資六十八億美元買下公司。套利者獲悉籌資失利便立即出清UAL的普通股持股，道瓊工業指數被拖累，單日大跌了一百九十點。

對UAL公司交易的失望再加上在索司馬克與糧油食品進出口公司上的損失，許多投資人開始懷疑高殖利率債券有何價值。投資組合經理人開始倒出垃圾債券。由於沒人承接，高殖利率債券價格狂瀉。於是除了年初表現大好之外，美林高殖利率債券指數只小漲了四・二%，相形之下，屬於投資級的債券回報卻漲了一四・二%。到了一九八九年末，垃圾債券在市場上形同棄嬰。

而UAL事發的一年前，考柏格克雷維斯暨羅伯特（Kohlberg Kravis & Roberts）公司以兩百五十億美元銀行貸款與垃圾債券成功地買下了RJR奈比斯科，後來雖然RJR奈比斯科在財務上善盡義務，但在垃圾債券市場解體時，RJR奈比斯科的債券也被其他垃圾債券拖下水。一九八九年與一九九〇年，垃圾債券走空時，巴菲特開始買進RJR奈比斯科債券。

多數的債券在這時期都像過街老鼠，但巴菲特認為RJR奈比斯科是遭池魚之殃。這家公司穩定的營收足以償息。況且，RJR奈比斯科以好價錢賣出了部分事業，使資債兩平。巴菲特分析投資RJR奈比斯科的風險，結論是RJR奈比斯科的信用要比出脫這家債券的投資人認知的好。RJR奈比斯科債券的殖利率為一四．四％（獲利回報不遜一般公司），而價格又被壓低，隱藏著資本獲利良機。

因此，一九八九年到一九九〇年間，巴菲特買進四億四千五百萬美元的RJR奈比斯科債券。一九九一年春，RJR奈比斯科宣布，將以票面價格買回它多數的垃圾債券。最後RJR奈比斯科債券漲了三四％，替波克夏賺進一億五千萬美元的資本利得。

層級三通訊公司（Level 3 Communications）

二〇〇二年，巴菲特大舉買進其他企業的高殖利率企業債券，將他在這種部位的持有提高了六倍，達八十三億美元。其中的六五％為能源工業，約七十億美元是經由波克夏保險公司買進。

巴菲特在二〇〇二年給股東的信中闡述了他的想法，他寫道：「波克夏經營團隊不認為發行這些證券的公司的信用風險也跟著下滑。」他補充說，關於這一點「蒙格與我厭惡即使是個小風險，除非我們覺得冒風險可以得到滿意的補償。我們冒最大的險就是在盒上標示過期日一天之後還把白乳酪吃了。」

除了計算風險的代價，他買進證券的價格也一定遠低於其價值，甚至要被打壓的價格，再靜待資產價值還原。

購買這些債券最玄的地方是，原先巴菲特怎麼說應該都看不上發行這些債券公司的股票。但到了二〇〇三年末，他投資的高殖利率債券獲利十三億美元，而波克夏該年總收益為八十三億美元。在高殖利率市場熱賣時，有些債券被承購或出售。巴菲特對當時的情況評論為：「把昨日雜草以今天的鮮花價格來賣。」

二〇〇二年七月，有三家公司共花了五億美元買進總部設於科羅拉多州布魯費爾市層級三通訊公司的十年可轉換債券，對這家公司進行收購並強化資本部位，條件是年息九％，轉換為股票的價格為每股三．四一美元。這三家公司是波克夏（買了一億美元）、李格梅森（買了一億美元）以及長葉合夥公司（Longleaf Partners，買了三億美元）。

巴菲特一般不買科技屬性的公司，他也坦承不懂如何恰當地算出科技公司的價值。這筆交易對層級三來說代價很高，但提供了亟需的現金與信用。就巴菲特而言，他得到的是九％投資回報厚利以及股票部位。當時，據稱巴菲特總告訴投資人一年要從股市獲利七％到八％，那麼九％就代表他賺更多了。

這件事還有另外一面，也顯示了巴菲特典型作風。這樁生意有他要的經營團隊品格和人際關係。層級三通訊公司從一家位於奧瑪哈的建設公司彼得奇威特兒子們（Peter Kiewit Sons）獨立出來；巴菲特的友人小史卡特（Walter Scott Jr.）是奇威特公司的榮譽董事長，也是層級三的董事長。被美稱為奧瑪哈首席市民的史卡特是市立動物園、博物館、理工學院、內布拉斯加打獵與公園基金會的大力推手。

史卡特與巴菲特的私誼與事業關係甚篤。史卡特是波克夏的董事，兩人的公司同設於奇威特廣場，相距只幾層樓。雖然巴菲特很了解也很推崇史卡特，但他對投資仍要求合理而透明；兩人的私交絕無不當地影響這筆交易。因此巴菲特推薦，由東南資產管理公司（Southeastern Asset Management）董事長與執行長梅森・哈金斯（O. Mason Hawkins）進行交易並斡旋條件，東南亦是長葉合夥的顧問公司。

一年後，到了二〇〇三年六月中，巴菲特、李格梅森與長葉合夥公司把五億美元轉換成該公司一億七千四百萬的普通股（外送二千七百萬股做為轉換的誘因）。

巴菲特拿到三千六百七十萬股。到了六月，他賣掉一千六百八十萬股，拿到一億一千七百六十萬美元；在十一月再賣掉其餘的一千八百三十萬股，得到九千二百四十萬美元。層級三必然在借錢後賺了不少錢，到了二〇〇三年末，巴菲特十六個月內賺了一倍。不僅如此，他的債券賺了四千五百萬美元的利息，而他還持有一百六十四萬四千九百股的層級三股份。

奎斯特與亞馬遜

二〇〇二年夏天，波克夏買進數億美元由奎斯特通信（Quest Communication）以及負責管理作業的子公司奎斯特企業（Quest Corporation）發行的債券。這是家位於丹佛、經營不善的電信公司，前身叫美國西部（US West）。當時奎斯特負債二百六十億美元，正在重新申報其一九九九、二〇〇〇與二〇〇一年的財報。

該公司的破產謠言四起。奎斯特企業的債券交易價格只有票面的三．五到四折，其營運公司的債券價格也被打了八折。有些債券年殖利率為一二．五%，並有特定的資產擔保，其他風險更高的債券則無此擔保。兩種奎斯特的債券巴菲特都買了。

當時多數的分析家說，根據當時的交易價格，奎斯特的資產價值足以保護巴菲特的投資。同時，如果不是為了支付利息，奎斯特的現金流量會更健康。這家公司最值錢的資產就是在十四個州獨占地方電話的業務，但巴菲特相信在前美國科技（Ameritech）公司執行長迪克．諾提貝亞特（Dick Notebaert）主持下，公司必能排除困境。

二〇〇二年七月巴菲特寫信給亞馬遜執行長貝佐斯（Jeff Bezos），贊同他將認股權當做公司支出的決定，一星期後巴菲特買了九千八百三十萬美元的亞馬遜高殖利率的債券。

巴菲特明白表示他推崇展現品格與強勢價值的經理人，長期以來他一直呼籲要將認股權視為公司支出，但他買亞馬遜債券當然不是單為了表示善意。波克夏旗下的GEICO所買的這筆高殖利率債券可以穩賺一千六百四十萬美元，如果亞馬遜動用兩億六千四百萬美元買回一九九八年發行年息一〇%的優先債券，等於九個月就有一七%的獲利。

該年夏季末，巴菲特加買了六千零十萬美元的亞馬遜年息百分之六又八分之七的可轉換債券。每一千美元債券折價為六十美元，殖利率將是相當好的一一．四六%，到期時再算進利息，殖利率將更高。

人們都知道巴菲特只堅守他懂的東西，並避開科技。對於網際網路他只做三件事，買書、讀《華爾街日報》、打橋牌。巴菲特在二〇〇〇年給股東的信中，他甚至幽默了一下自己逃避科技之事，他說：「我們以加入磚塊、地毯和油漆這些先進事業來擁抱二十一世紀的到來，別太興奮。」（譯註：網路事業標榜的就是不用磚瓦，也就是虛擬的特質，巴菲特所做正好與此背道而馳。）

那麼，亞馬遜的債券為什麼獨獲青睞？巴菲特說，第一，它價格「極低」；第二，他看好亞馬遜；第三，巴菲特觀察到亞馬遜網站的狀況與他投資的其他零售公司相似。

亞馬遜網路書店的收入來自大量的低價促銷，雖然獲利率低，但公司經營有效並且賺錢。巴菲特推崇貝佐斯打造超級品牌以及帶領公司走過難關的方式。

套利

最單純的套利形式就是在一個市場買進一有價證券，同時在另一市場賣出同一個證券，而目的就是要賺取價差。例如，如果公司的股價在倫敦報二十美元一股，在東京報二〇．〇一美元，套利者便可透過在倫敦買進股票，在東京賣出同量的股票就能獲利。套利者只是利用兩市場效益不夠完美同步而獲利。因為此種效益無風險可言，也可稱之為無風險套利。在另一方面，風險套利則是以買或賣某證券，並等著從公司宣布的價值（announced value）中實現獲利。

最常見的風險套利就是以未來價值的折扣價買進。這種未來價值通常根據企業合併、清算、投標開價或重組時發生。套利者面對的風險是「股票有可能達不到未來宣布的價格」。

巴菲特解釋，要估算風險套利的機會，你得回答四個基本問題：「承諾的事件有多可能會確定實現？你的錢要被綁多久？為爭主導權而影響開價這種事變卦的可能性有多少？如果好事因反托辣斯法案或公司財務出狀況而受阻，會怎樣？」

當現金過多而投資點子不夠時，巴菲特常以套利來運用多出的錢。在一九八一年的亞卡他企業（Arkata Corporation）交易中，他買進六十多萬股該公司的股票就是個好例子。

當時亞卡他正經歷外部資金的融資性併購（leveraged buyout, LBO）。但雖然多數套利者一年可能參與五十筆或更多的進行交易，巴菲特只針對少數幾筆金額大的進行交易。他只參與已公開宣布並且是友善的交易，拒絕投機地猜測可能會有的接手，或指望聯手哄抬股價。

巴菲特這些年來並未認真算過他套利的績效，但他估計波克夏大約有二五%的稅前獲利回報。因為套利常用來替代短期國庫券，巴菲特交易的量就隨波克夏現金部位做調整。

但是，現在他已不再做大筆的套利，而情願投資國庫債券以及其他短期臨時投資。有時巴菲特利用現金做些中期的免稅債券。他了解：不做短期國庫券而做中期債券，如果在情勢不利時被迫賣出就有可能損失本金。但因為這些免稅債券獲利回報高於國庫券，巴菲特認為增加的收入可以補償潛在損失。

波克夏長期在套利方面績效卓著，股東們可能好奇巴菲特為何不再做套利的生意。巴菲特坦言，投資回報雖比他想像的高，但一九八九年套利環境已經開始改變，利用財務槓桿大肆收購之風造成大環境的狂熱失控，巴菲特不確定借貸兩造是否頭腦清楚，但他個人向來行事謹慎，不管旁人是否已昏了頭。甚至在一九八九年十月UAL收購案瓦解之前，巴菲特就已經退出套利交易。還有個理由或許是——根本沒有規模大到足以影響巴菲特投資組合的套利交易。

無論如何，因為可轉換優先股的出現，波克夏退出套利市場便更無牽掛了。

可轉換優先股

可轉換優先股是兼具股票與債券性質的混血證券。整體而言，這種股票讓投資人得到比普通股較高的當期收益。較高的殖利率保護了股價下滑的風險。如果普通股下跌，可轉換優先股的高殖利率會讓他不像普通股跌得一樣深。理論上，可轉換股票價格會不停下跌，直到與它在殖利率、信貸與到期日上都相近的不可轉換債券的價值相等。

可轉換優先股也讓投資人有機會在普通股上揚時蒙利。因為它可以轉換成普通股，普通股漲時，可轉換股也跟漲。但因為可轉換股支付高利息，並有潛在資本獲利的可能，價格當然訂得高於普通股。此溢價反映在優先股轉換成普通股的比率。一般而言，轉換溢價也許是二〇％到三〇％；也就是說，在優先股可以轉換成普通股時，普通股要漲二到三成，才不會虧本。

就像投資高殖利率債券的情況一樣，每當好時機出現時，巴菲特就投資可轉換優先股而減少其他投資。一九八〇年代末與一九九〇年代，巴菲特買了數種可轉換優先股，包括所羅門美邦、吉列、全美航空（USAir）、冠軍國際（Champion International）、美國運通等。

這裡面有好幾家乃是被惡意收購禿鷹看上的公司，巴菲特於是變成人們口中的「白馬騎士」，讓這些公司未受惡意狙擊。但巴菲特特顯然不以公益救星自居，他只是認為投資它們有高利可圖。當時，這些公司優先股提供的回報高於其他投資項目。

巴菲特滿熟悉這一些發行可轉換優先股的公司，但另外許多情況則並不特別清楚他們到底做什麼生意，也無從肯定地預知未來現金流量會有多少。巴菲特解釋，在這方面的無法預知，正是波克夏寧願投資可轉換優先股而不買普通股的理由。儘管有轉換的機會，優先股的真正價值在他眼中是其固定收入這點。

有一個例外，就是美中能源公司（MidAmerican Energy Holdings Company）。這樁多面的交易涉及了可轉換優先股、普通股以及債務。在此，巴菲特看上的是可轉換優先股的固定收益回報，也看中了該公司未來普通股的獲利。

二○○○年三月十四日，波克夏以十二．四億美元，或每股三十五元五分的價格，買了美中能源控股公司三千四百五十六萬股可轉換優先股，以及九十萬九百四十二股普通股；這是家位於愛荷華州首府得梅因（Des Moines）的瓦斯與電力公司。兩年後的二○○二年三月，波克夏又以四億二百萬美元加買六百七十萬股的可轉換優先股。加起來，波克夏握有美中能源公司九％的表決權，以及約八○％的經濟利益。

二○○二年起，波克夏與幾家子公司共以十七億兩千八百萬美元買進年利率為一一％的不可轉讓信託優先股（nontransferable trust preferred securities），其中的一億五千萬美元在二○○三年八月贖回。另外三億美元由美中能源的董事長與執行長大衛．蘇庫爾（David Sokol）以及美中能源最大個人股東史考特所投資。事實上，是史考特主動找上巴菲特，這也是兩人交往五十年首次合作成功的生意。

巴菲特因低價位的每股價格購買美中能源，報告上是每股三十四到四十八美元間，因此他等於是拿到些折扣。但巴菲特承諾他本人與波克夏會擴大支持美中能源收購輸送管，最多可到一百五十億美元。收購狀況不佳的能源公司管路是美中能源的成長策略，這點並獲巴菲特鼎力相助。

說收購就收購。二〇〇二年三月，巴菲特以包括承接債務再加十億美元現金，向總部位於奧克拉荷馬州的威廉斯公司（Williams Company）收購了「肯河瓦斯輸送工程」，該公司每天輸送八億五千立方呎的瓦斯、總長度超過九百三十五哩。

美中能源接著於二〇〇二年以折扣價九億美元外加承接債務，收購了戴勒吉（Dynegy）公司的北方自然瓦斯管事業。繼而於二〇〇四年一月波克夏宣布要拿出三〇%的支出，即二十億美元，建造連接阿拉斯加北坡（Alaskan North Slope）自然瓦斯儲存區的新輸送管，可以提高美國七%的儲量。美中能源董事長蘇庫爾說，若無巴菲特相助，此項投資可能卡在美中能源內。

另一項有相關的交易是，波克夏子公司MEHC投資公司買了威廉斯公司兩億七千五百萬美元的優先股。此優先股在選董事時不像普通股有表決權，但波克夏因此交易得以決定美中能源二成的董事，並有權批准某些重要的公司投資。

巴菲特在該年夏末與證券公司李曼兄弟借予威廉斯公司一年期的九億美元優先貸款，所獲的擔保是巴瑞特自然資源（Barrett Resource）的所有油與瓦斯資產，威廉斯公司當年是以二十八億美元取得。據稱，巴菲特的放款是威廉斯公司避免破產所需的三十四億美元現金與信貸的方案一部分。不過威廉斯仍被評為投資級的公司，故它的交易條件強硬，設下多方限制，費用也多，據稱支付的利息最高可達三四％。但值得一提的是，巴菲特不僅紓困一家可投資的公司，也是保護自我免受高風險所害。

雖然美中能源不是巴菲特唯一一次介入當時窘迫的能源業，但絕對是次複雜、多面的投資。巴菲特相信美中能源的價值高於當時的市值。他認識經營團隊，包括史考特與蘇庫爾，深知他們有信用、重品格而有智慧。最後，能源業可長可久，巴菲特希望美中能源可以更穩定更賺錢。在美中能源公司，巴菲特做了可變成股票的固定收入投資。與其他投資一樣，他採取的是成為股東的特殊方式，投入促成公司的成長。他在威廉斯公司這筆固定投資上賺到些錢，同時以合約、高利率以及資產（巴瑞特自然資源）保護自己。

結果，到了二〇〇三年十月，美中能源成為英國第三大供電廠，並提供愛荷華州六十八萬九千人電力，同時肯河與北自然輸送管載送美國七．八％的自然瓦斯。公司全部有一百九十億美元的資產，並每年從二十五州及幾個外國收取六十億美元，每年可替波克夏賺進三億美元。

切記，巴菲特先把可轉換優先股當做收入固定的證券，繼而才當它是增值的工具。因此波克夏的優先股價值不可低於類似的不可轉換優先股的價值，而又因有轉換權，大概就更有價值了。

巴菲特被普遍譽為世界上最了不起的價值投資者，基本上是指以他能以相當低於真正價值的價格買進股票、債券、其他證券、公司，再等待資產價值還原的本事。因此，不論是藍籌股或高殖利率企業債，巴菲特都用同樣的原則。價值投資者總是跟著交易走。

雖然巴菲特常被視為普通股的長期投資人，但他有能力、膽識、財力，介入受困行業並獨具慧眼在石堆中挑出鑽石。他挑選經營者誠實而聰明，產品又能賺現金的這種公司。他選中的投資工具在當時是最合理的。他對的時候多，若錯了，他馬上認錯。

結果，他在二〇〇二年與二〇〇三年把錢導到收入固定的投資工具，而且全部對極了。二〇〇二年波克夏從收入固定的投資的總獲利是十億美元；二〇〇三年這數字漲了近三倍，約二十七億美元。

第10章

籃裡要放幾顆蛋？

照顧好你的投資組合

如果你是懂一點的投資人，看得懂公司的經濟狀況並找出五到十家股價合理的公司，握有重要的長期競爭優勢，你根本不用去理會人云亦云的分散投資。

——巴菲特——

到目前為止，我們研究了巴菲特如何做投資決定，他的方法就是奉行十二條歷久不衰的守則（請參見第四章末）。我們彷彿站在巴菲特背後，偷看他運用這些原則，買進股票與債券以及收購公司。我們也花了些時間了解哪些人幫他形成這些投資哲學。

但誠如每位投資人都知道的，決定買什麼股票只道出一半的辛勞；另一半是持續地管理投資組合，並學習如何克服隨著投資決定而來的情緒起伏。

不叫人意外，在此領域，巴菲特的領導風範依舊叫我們折服。

好萊塢電影讓我們對理財經理人留下刻板的印象，那就是同時在兩條電話線上說話，焦急地抄寫重點，同時留神掛在四處的多台電腦螢幕上的閃動，只要其中一台電腦螢幕跳動顯示某支股票微跌，他就急著想扯斷頭髮。

巴菲特毫無這種狂躁之舉。他冷靜而自信，不必同時盯著十二台電腦看，市場分秒的變化他沒興趣。他考慮的不是幾分鐘、幾天或幾個月，而是幾年。他不追蹤幾百家公司，因為他的投資只集中在少數被他看好的幾家。他稱這種方式為「集中投資」，大量簡化了投資組合管理的工作。

> 我們只集中注意力在幾家一流的公司上，集中投資。
>
> ——巴菲特，摘自一九九四年八月寫給本書作者的信

現狀：必須二選一？

今天，投資組合的管理手法好像一直陷在兩種競爭策略的拉扯戰中。每個管理者好像都要選邊站：到底要選「積極的組合管理」抑或是「指數型投資」？

積極的組合經理人不斷大量買進賣出普通股。他們的工作是讓客戶高興。那就是持續地打敗大盤，因此不論客戶在哪天問：我的組合與市場的績效誰好？答案都得是好過市場，客戶才會把錢繼續留在基金。要保持領先，積極型經理人設法預測股票在未來半年會怎樣，並不停地更動組合，希望充分發揮預測的神準。

反之，指數投資是種「買與抱」的消極投資方式，方法是先買進，然後長抱，而且形成很分散的普通股組合，其目的就是要抄襲特定的標竿指數，如標準普爾五百。要做到這點最簡單與最常見的方式是購買指數型基金。

這兩個陣營的擁護者長期爭執自己所採用的方式有較高的獲利。積極型組合經理人吵著說，他們優異的選股技巧可以打敗所有指數。指數型操盤手則有近幾年的實際數字替他們說話。

而一項追蹤期長達二十年的研究結果顯示出，一九七七年到一九九七年，股票型共同基金優於普準普爾五百指數的比例大幅縮小，從最初勝過五〇%到最後四年勉強維持二五%的優勢。

到了一九九八年十一月，九〇%的積極型管理基金的表現都不如市場（平均比標準普爾五百差了一四%）也就是說只有一〇%打敗大盤。

積極型組合管理現在已經很難在表現上好過指數投資，這主要有兩個原因。其一，操作基礎搖擺，今天買進的，只要有獲利，不管多少馬上賣出。這種邏輯的致命傷是：在複雜多變的金融環境中，你根本不可能預測什麼。第二，進出頻繁增加交易手續費，減少了投資人淨獲利。當我們算進這些支出，積極型理財管理人的業績下滑，就只能怪自己。

指數型操作因為毋須支付同樣的費用，在多個方面都好過積極型管理投資組合。但即使是最好的指數型基金，操作再好也不過與大盤的獲利一樣。指數投資人只會表現得比大盤差，而不會更好。

有頭腦的投資人必須自問，平均表現就讓我滿意了嗎？可以更好嗎？

巴菲特的新選擇

若必須在積極型與指數型間做一選擇，巴菲特毫不猶豫會選指數。對無意冒風險的投資人，對不懂企業經濟狀況但又不想錯過投資普通股長期獲利的人，更是如此。巴菲特以其獨有的口氣說：「定期投資指數基金，可以讓啥事都不懂的投資者擊敗多數的理財專家。」但巴菲特也會馬上指出有第三個選擇，這與積極投資組合策略極不同，但又能大幅提高表現好過指數基金的機會。這種替代方案就是集中投資。

集中投資是要看大看遠。扼要地說，集中投資就是選出幾支長期回報可能高於平均的股票，把投資規模集中在這少數幾支股票，在市場短期波動又能堅持抱著不放。

接下來就說明集中投資的幾項要則：

一、找到一流的公司

長期以來，巴菲特決定哪種公司值得他投資的方法，靠的就是一套重要的常識：如果公司表現佳，經營團隊傑出，它的股票遲早會反映其內含價值。巴菲特自然不會費神去追蹤股價，而是分析主業的經濟狀況並評估經營團隊。

巴菲特的守則可以當做你放置各種工具的隨身腰帶。每項守則單獨是種分析工具，整體又能挑揀出最有可能獲高回報的公司的一套方法。巴菲特利用他的工具找出長期表現傑出、經營團隊穩定的公司，此處穩定是指未來的表現績效會與過去一樣穩定。這就是集中投資的核心，把錢集中投資在最有可能表現超過平均的公司。

二、少就是多

記得巴菲特給什麼都不懂的投資者建議就是「只買指數型基金」嗎？他接下來說的更讓我們有志於投資的人感興趣：「如果你是懂點的投資人，看得懂公司的經濟狀況並找出五到十家股價合理的公司，握有重要的長期競爭優勢，你根本不用去理人云亦云的分散投資（即是大雜燴型投資組合）。」

一般的分散投資法錯在哪裡？其一，你很可能買到你不夠懂的東西。以集中投資組合聞名的費雪，雖然他本人未用此語，但他在這方面深深影響了巴菲特。費雪總是說，他情願只持有幾家他懂的好公司，而不是一堆表現平均但他不了解的公司。

套用巴菲特的守則，「懂一點」的投資者若把注意力集中在少數幾家公司，會表現較好。而多少算少數幾家？今天，連財務高手都發現平均而言，十五種股票就該占有分散投資中的八五%。一般投資人大概處理十到二十種沒問題。碰到幾十種股票的組合，集中投資就不靈了。

三、把賭注押在可能性高的事情上

也可從另個方式來看費雪對巴菲特的影響，當你巧遇大好機會，只有大筆投資一途。巴菲特響應這種思考：「每筆投資，你都要有勇氣與信心至少把你淨值的十分之一投到看好的股票上。」

現在你該明白巴菲特為什麼說理想的組合應該不超過十檔股票——如果你每檔投資一〇%的話。但集中投資不僅僅是找到十支好股票並把你的投資金額平均去買它們。即使集中式組合的所有股票都屬高獲利可能，但有些必然高於另一些，可能性更高的就該分到較高的投資比例。

玩二十一點的人直覺知道，機會好時，加大賭注。

回頭再想想第一章討論到的，巴菲特成立有限合夥公司，之後並決定大舉買進美國運通。當醜聞的陰影腰砍了美國運通的股價，巴菲特把四〇％的合夥資產一股腦全投到這家公司。他相信就算有紛擾，但公司體質健全，股價最後一定回到原有的部位，同時，他看出這次機會好極了。但有好到他值得把所有資產的一半全投進去？這是次豪賭，但收獲豐厚。兩年後，他賣掉狠漲的股票，兩千萬美元落袋。

四、要有耐心

集中投資與廣泛分散頻繁交易的做法正好相反。雖然集中投資在所有積極投資方法中，最有機會打敗指數的回報，但這種方法要求投資者有耐心地抱緊他們的組合，即使看來另種投資法好像在高唱凱旋歌。

要抱多久？你或可想像，沒有可靠又快的規則（雖然巴菲特可能會說低於五年之說都是笨人的做法），但目標也不是零週轉率（什麼都不買賣），這是另一種愚蠢的做法，因為你會因此錯失良機。最重要的規則就是我們要有一〇％到二〇％間的週轉率，就是說股票要抱五到十年間。

五、股價波動別慌

集中投資追求的是高於平均的結果。這無論是在學術研究或是在實際個案中，的確是可能做到的，但不用懷疑，其間的過程必然跌跌撞撞，因為價格波動是集中投資法的必然副產品。集中投資者忍受波動，因為他們知道，長期而言，公司的經濟狀況必定能補足短期的價格變動。

巴菲特顯然最不為震盪所動。他的夥伴蒙格當然也如此，他只要算好了，以複利表及玩牌的經驗，只要能撐過價格的波動，持有三支股票已綽綽有餘。他說：「我知道，我心裡承受得起震盪，因為我家裡教的就是學習處理震盪。」

也許你的家族也能處理震盪，但即使你沒那麼幸運生在這種家庭，也能學他們幾招。這是有意識地決定要改變自我的思考和行為。養成新的習慣與思考模式無法一步到位，但可以慢慢教自己不再恐慌，冷靜回應市場的怪異現象。這點必須做到。

> 我不可能同時做五十或七十件事。這是諾亞方舟的投資方式，最後是像動物園什麼都有一點。我喜歡把大筆的錢投在少數幾件事上。
>
> ——巴菲特，一九八七年九月三十日《華爾街日報》

巴菲特與當代投資組合理論

巴菲特堅守集中投資的基本概念，使他和其他多位理財名嘴對立，也與一套被合稱為「當代投資組合理論」（modern portfolio theory）的方法毫不投緣。因為本書的主題是巴菲特的思考，也因為既然他不信這理論，我們就不花太多時間闡述。但在你繼續學習投資的過程中，會不斷聽到此一理論，因此必須討論此理論的基本要件。之後我們再拿巴菲特的說法與它們逐一比較。

當代組合理論結合了三位思想大師在財務上的原創觀點。芝加哥大學經濟系研究生馬克威茲最早將風險與回報關係量化。他使用協方差（covariance）的數學工具，計算某一類股的集體移動，並以此決定整體組合的風險。

馬克威茲的結論是，投資風險不隨單一股價變動起舞，而是隨著整個類股往某個方向移動。如果全往某方向移動，很可能經濟移動會把這些股票同時拉下水。他說，唯一有用的保護方法就是「分散」。

約十年之後，另位加州大學洛杉磯分校研究生比爾．夏普（Bill Sharpe）發展出一套流程，使馬克威茲計算波動的方法更加簡化。他稱之為「資本資產訂價模型」（Capital Asset Pricing Model）。

因此十年間，兩位學界人士界定了兩項後來被稱之為當代組合理論的兩大因素。馬克威茲的觀點是適當的風險與回報平衡要靠分散，而夏普則提出風險的定義。第三因素就是「效益市場理論」（EMT, efficient market theory），由芝加哥大學年輕的助理教授法瑪所創。

法瑪在一九六〇年代初開始研究股價的變動。勤於閱讀，他吸收了所有股市行為的著作，並做出「股價無法預測」的結論，因為市場太有效益了。在一效益市場中，只要訊息出現，許多聰明的個人便會集體使用該訊息，造成價格即時調整，於是沒有一個人能利用該資訊獲利。在任何特定時刻，股價都會反映所有的訊息。在有效的市場預測沒用，因為股價調整太快。

巴菲特對風險的看法

依當代組合理論，股價的波動決定風險。但從以前到現在巴菲特都視股價下挫是賺錢的良機。在他看來，價格下滑正降低了風險。他指出：「我們認為股東就是事業持有人，學界對風險所下的定義離實際太遠了，說了半天徒製造荒謬。」

巴菲特對風險持不同的看法，他認為風險就是「受傷的可能性」；風險隨著企業內含價值改變，而不是股價的移動。財務傷害是因為錯判企業的未來獲利，再加上受稅制與通膨無法控制等不可預測的影響。

再者，巴菲特認為風險與投資者持有的時間長短密不可分。他解釋，如果你今天買進的股票明天就想賣掉，那麼你就跌進了高風險的交易中。短期內做預測的勝算，無論股價是預測漲或跌，那與丟銅板預測勝算無異。然而，巴菲特說，如果你把時間拉長到數年（一定要假設你買的是好股票），那麼你的勝算就大多了。

巴菲特對分散投資的看法

巴菲特的風險觀也促成了他的分散策略，但還是與當代組合理論背道而馳。根據當代組合理論，廣泛分散組合的主要好處就是減輕個股的價格波動。但如果你像巴菲特一樣不去理會股價波動，那麼你也會以不同的角度去看投資組合。

他知道許多所謂的專家會說波克夏的所為更具風險，但他不為所動。他說：「如果投資者買進前對企業的認識較深以及對這家公司的經濟狀況放心，我們相信集中組合的策略能大幅降低風險。」透過特意集中購買幾家挑出的公司，你比較可能貼近地研究並了解他們的內含價值。愈是認識這些公司，承擔的風險就愈少。

巴菲特解釋：「如果你想確定你的投資完全不受市場之害，你就得什麼都持有。這也沒錯，對不會分析企業的人，這是種聽來對極了的方式。」

巴菲特對效益市場理論的看法

巴菲特也特別看不慣效益市場理論，他認為分析多種資訊的人應有競爭優勢，巴菲特常鼓勵投資人這麼做，但效益市場理論卻說這種人白做準備工作。

不管如何，效益市場理論仍是商學院的主要課程，巴菲特對此不甚滿意。巴菲特帶著挖苦語氣說：「自然的，這些被幫倒忙的學生以及易上當的理財專家都吸收了效益市場理論，等於是幫了我們和葛拉漢的其他弟子，從自私的角度來看，我們或許應該提供獎學金支持這門課永遠開下去。」

在許多方面，當代投資組合理論保護不懂得評估公司價值的人。但保護就要付出代價。根據巴菲特所說的：「當代組合理論教你如何平均。但我相信幾乎每個人在小學五年級時就會算平均數。」

巴菲特園區的超級投資者

史上最佳投資書籍之一在一九三四年出版，正值大蕭條期間。葛拉漢與陶德合寫的《有價證券分析》被譽為經典，六十五年之後該書歷經五次改版，還有在印行。它對當代投資世界的影響無與倫比。

首版發行五十五年後，哥大商學院特為此嘉惠後世之作舉辦研討會。巴菲特既為該校最著名之校友又為葛拉漢的忠誠擁護者，所以應邀在會上發言。

巴菲特當時以「葛拉漢與陶德園區的超級投資人」為名發表演說，而這篇演說本身也和該書一樣成為經典傳世。

他先簡述當代投資組合理論的爭論重點，如股市有效，所有股票的價格都對，因此凡打敗市場者只不過是每年都狗運好。他說，也許是，但我知道有些人打敗了市場，他們的成功沒辦法以剛好運氣好來解釋。

接著他開始列舉證據。當天他提出長期打敗大盤的人，全部不是靠運氣而是奉行從葛拉漢學來的原則。他說，他們全部住在葛拉漢與陶德園區的「智慧之村」裡。

近二十年之後，我認為重新檢驗幾位典型奉行葛拉漢方法同時又認同巴菲特只買少數股票的集中組合價值的人會是件很有趣的事。我稱這些人為「巴菲特園區超級投資人」，他們是蒙格、盧恩、辛普森，當然還有巴菲特。他們的績效紀錄很值得我們學習。

◆蒙格◆

雖然波克夏的投資績效常是因為董事長高明，但我們切不可忘了副董事長蒙格亦為投資高手。參加波克夏年度股東大會或閱讀蒙格寫在《傑出投資人文摘》（*Outstanding Investor Digest*）裡的文章的小股東都知道，蒙格有多優秀。

巴菲特說：「我大約在一九六〇年結識蒙格兄，我告訴他從事法務可以，但還有更大的舞台可以發揮。」你大概還記得，蒙格在洛杉磯的法律業務發展得不錯，但逐漸把重心移到冠有其名的投資合夥事業。他創造的成效可參考下頁表10.1。

巴菲特解釋：「他的投資組合集中在非常少數的股票，因此，紀錄起伏較大；但他根據

表 10.1　蒙格合夥事業

年份	年度改變比例 總體 合夥百分比（%）	道瓊 平均工業指數（%）
1962	30.1	-7.6
1963	71.1	20.6
1964	49.7	18.7
1965	8.4	14.2
1966	12.4	-15.8
1967	56.2	19.0
1968	40.4	7.7
1969	28.3	-11.6
1970	-0.1	8.7
1971	25.4	9.8
1972	8.3	18.2
1973	-31.9	-13.1
1974	-31.5	-23.1
1975	73.2	44.4
平均回報	24.3	6.4
標準差	33.0	18.5
最低	-31.9	-23.1
最高	73.2	44.4

的仍是以低於價值的價格投資。」在替投資夥伴做投資決定時，蒙格總是奉行葛拉漢的方法並專找賣價低於內含價值的公司。「他願意接受績效的大起大落，性格面上他剛好也是專心的人。」

注意巴菲特沒有使用「風險」一詞來形容蒙格的績效。若以傳統的風險定義，我們必須指出，與蒙格十三年的合作關係可說是是極危險，標準差幾乎是市場的兩倍。但在十三年間的表現比市場好了一八%，他們兩個靠的可不是冒險，而是絕對的精明。

◆盧恩◆

巴菲特在一九五一年初會盧

恩，兩人同時選修葛拉漢在哥大開的證券分析課。這兩位同窗長期維持聯繫，巴菲特多年來以推崇敬仰的心觀察盧恩的投資績效。巴菲特一九六九年關掉合夥投資公司後，問盧恩是否願意替他幾位夥伴的錢操盤，紅杉基金就是這麼開始的。

當時要成立共同基金很困難。股市分成兩級市場，多數的熱錢流到所謂的亮眼五十家（像IBM與全錄這種知名公司），棄置「價值」型股票。盧恩不改初衷。巴菲特事後評論：「我很高興我的多位投資夥伴全心跟著他並加碼，而結果叫人開心。」

盧恩的紅杉基金真的是開山鼻祖，這是第一家以集中投資為原則的基金。紅杉控股公司的公開紀錄清楚顯示盧恩與其在盧恩卡尼夫公司（Ruane Cunniff & Company）的夥伴卡尼夫（Rick Cunniff）共同操作的是極集中、週轉率低的證券組合。平均上，該基金九〇％投資在六到十家公司。

盧恩的觀點在許多方面不同於一般理財經理人。整體說來，多數經理人初入行就對組合管理已有一定的看法，再去組合各種股票。在盧恩卡尼夫公司，合夥同仁先要有的觀念就是挑到最有可能的股票，再從這些中選的股票形成投資組合。

選出最有可能的股票，當然要有高水準的研究，在此盧恩卡尼夫公司再次與同業分道揚鑣。這家公司不用華爾街經紀公司提供的研究報告，而是依靠自己的用心調查。盧恩有次說：「我們公司不太強調頭銜，『但』我們若用到頭銜時，我名片上印的是研究分析員比爾・盧恩。」

表 10.2 紅杉基金公司績效

年份	年度成長比例（%）紅杉	年度成長比例（%）標準普爾五百指數
1971	13.5	14.3
1972	3.7	18.9
1973	-24.0	-14.8
1974	-15.7	-26.4
1975	60.5	37.2
1976	72.3	23.6
1977	19.9	-7.4
1978	23.9	6.4
1979	12.1	18.2
1980	12.6	32.3
1981	21.5	-5.0
1982	31.2	21.4
1983	27.3	22.4
1984	18.5	6.1
1985	28.0	31.6
1986	13.3	18.6
1987	7.4	5.2
1988	11.1	16.5
1989	27.9	31.6
1990	-3.8	-3.1
1991	40.0	30.3
1992	9.4	7.6
1993	10.8	10.0
1994	3.3	1.4
1995	41.4	37.5
1996	21.7	22.9
1997	42.3	33.4
1998	35.3	28.6
1999	-16.5	21.0
2000	20.1	-9.1
2001	10.5	-11.9
2002	-2.6	-22.1
2003	17.1	28.7
平均回報	24.7	17.8
標準差	19.5	14.3
最低	-10.0	-5.0
最高	57.1	37.6

他這種特殊的方式提供了什麼樣的服務給股東呢？表10.2列出紅杉基金一九七一到二〇〇三年的投資績效。這段時期，紅杉基金平均年獲利是一八%，相較之下標準普爾五百指數只有一二．九%。

◆辛普森◆

就在巴菲特一九七〇年代末開始買進GEICO的股票時，他也網羅了一個人，直接改善了該保險公司的財務狀況。這個人就是辛普森。

擁有普林斯頓大學經濟碩士學位的辛普森，在巴菲特一九七九年請他進GEICO前，同時替羅伊與法翰（Stein Roe & Farnham）以及西部資產管理公司（Western Asset Management）工作。現在他是GEICO的資本運用執行長。憶及當時的面試，巴菲特記得辛普森具有「最適合投資的性情」。他說辛普森思考獨立，相信自己的研究，「與群眾相左或同路，對他都無所謂。」

手不釋卷的辛普森不理會華爾街的研究，勤讀公司年報。他挑選普通股的過程與巴菲特相似。他只買高回報的事業，只選能幹的經營團隊，同時注意買到的價格要合理。辛普森還有其他地方與巴菲特相似：他的投資組合集中在少數幾支股票。事實上，GEICO數十億美元資金的股票組合經常不到十支。

在一九八〇到一九九六年間，GEICO投資組合的年平均回報率為二四．七%，相形之下，期間內市場的回報率只有一七·八%（見表10.3）。巴菲特說：「這些數字不僅驚人，重要的是全都是以正確方式賺來的。辛普森一直買進被低估的普通股；其中每支個股都無可能永遠虧損，而整體幾無風險可言。」

要注意的是集中投資法有時要連撐疲軟的幾年。即使超級投資人，技術沒話說且經常成功，也有面對短期表現欠佳的時候。表10.4顯示他們也都曾陷入困境數年。

如果蒙格、辛普森與盧恩在當今只看一年或一季價值的環境下開始上線工作，他們下場如何？大概都幹不了多久，真是他們客戶的損失。

改變你的投資組合

買的方程式

別以為集中投資組合在價格反應上有時落於市場之後，你就可以高枕無憂不去檢查績效。就算集中投資者不隨著股市起舞，但你仍得隨時掌握組合內公司的經濟波動。總有該是買進或賣掉某些持股的時候。

巴菲特在考慮做新投資時，會先檢視已有的投資，看看新項目是否更好。蒙格強調：「巴菲特所說的對所有投資人都很實用，就一般個人而言，持股中最好的投資項目就是你衡量其他公司的標準。」

表 10.3 辛普森帶領下的 GEICO 公司績效

	年度成長比例（%）	
年份	GEICO	標準普爾五百指數
1980	23.7	32.3
1981	5.4	-5.0
1982	45.8	21.4
1983	36.0	22.4
1984	21.8	6.1
1985	45.8	31.6
1986	38.7	18.6
1987	-10.0	5.1
1988	30.0	16.6
1989	36.1	31.7
1990	-9.1	-3.1
1991	57.1	30.5
1992	10.7	7.6
1993	5.1	10.1
1994	13.3	1.3
1995	39.7	37.6
1996	29.2	37.6
平均回報	24.7	17.8
標準差	19.5	14.3
最低	-10.0	-5.0
最高	57.1	37.6

表 10.4 巴菲特園區的超級投資人和市場平均績效相比

	年數績效	年數低於平均績效	連續數年低於平均績效	低於平均績效占所有年數的比例（%）
蒙格	14	5	3	36
朗尼	29	11	4	37
辛普森	17	4	1	24

接下來要發生的就是最能增加投資組合價值但常被忽視的祕密。蒙格說：「如果你想買進的新東西並不比你知道的更好，它就還沒突破你的標準水平，這可以替你過濾掉九九％的候選者。」

慢點賣的兩個理由

集中式投資必須是長期性的投資。如果我們可以請教巴菲特他心目中最佳的抱股時間，他會說「永遠」，只要公司持續獲利超過平均，同時經營團隊理性配置公司收益。他解釋：「我們認為不動是聰明之舉。」

如果你持有的是家爛公司，要快快轉手，否則你最後得到是低於水平的企業經濟效益。但如果你持有的是超級公司，最不該做的就是賣掉持股。

這種行動慢如樹獺的組合管理做法，或許對習於積極進出股票的人看來，有點怪異，但這有兩大經濟好處，除了資本的成長快於平均，還可以：

一、**降低交易成本**。此人人都懂的好處卻顯然常被忽略。每次你買或賣，你就得付手續費，降低你的淨收益。

二、**增加稅後收益**。你只要賣出股票賺錢，你就得繳交資本利得稅，因此啃蝕你的獲利。解決之道是別賣。如果你不去動你的獲利（我們稱之為未實現之利得），你錢滾錢的力道會更大。整體而言，投資人常低估未兌現利得之龐大價值，巴菲特稱這是「向國庫貸款而不支息。」

巴菲特想說的就是，讓我們想像如果你一美元的投資每年可漲一倍，結果會怎樣。如果你把投資在第一年末便出清，你會有〇．六六元的利得（假設你的稅率是三四％）。現在你把一．六六美元再投資，到了年底價值再增一倍。如果你的投資每年翻一倍，而你年年賣掉，繳稅，再投資收益，二十年後你的淨利得為兩萬五千二百美元，並已繳了一萬三千美元的稅。但如果你把每年翻倍的一美元投資，二十年都留著未賣，最後你的利得是六十九萬二千美元，並繳完三十五萬六千美元的稅。

要有稅後高利得的最佳辦法就是維持投資組合平均週轉率在零到二〇％之間。維持低週轉率有兩個途徑，一是把錢放在指數型基金；本質上它就是低週轉；而想再多賺點的人可以選擇第二種方式，就是集中投資組合。

集中投資的挑戰

到目前為止我想說清楚的是，巴菲特集中投資法成功的理由。但如果我沒明確指出這種方法也有可能會引發更大的波動，我就未盡全責。當投資組合集中在少數幾家公司，只要其中一支股價變動，影響就很明顯也很大。

專心地集中投資並保持心境平靜，熬過波動是成功的關鍵，最後這也當然決定了你的財務好壞。要說清楚這點就得先了解投資對情緒的影響。

金錢最影響情緒這事永遠不會改動。但在此同時，你不必時時受此情緒左右而耽誤合理的行為。關鍵就是維持情緒的穩當，而你如果了解其中所涉及的心理面，就更容易保持情緒的穩定。

挑戰巴菲特的不是情緒，他比任何人都了解投資的心理面。他的挑戰是維持人們期待他該有的獲利水準。

這又涉及兩個因素，一是近年來巴菲特沒找到太多符合價格標準的股票，這是市場的問題；二是當你主持的是家一千億美元的公司，要有相當高水準的經濟回報才會有看得到的進展，也就是他面臨規模太大的問題。巴菲特曾這麼解釋：「幾年前，能賺到一千萬美元的點子就很了不起了。今天，十個這種點子，每個點子賺三千萬，只能增加波克夏四分之一的價值。我們現在要的是『大象』才能賺到可觀的利得，現在大象難找。」

這句話是他在二〇〇二年初說的。之後波克夏的淨值還繼續在增加，今天找大象想必更難了。

對多數投資人的好消息是，他們可以收起打大象的槍。另一個好消息是不管他們的錢包有多大，集中投資的基本面依舊合用。

不論你動用多少金額，都要做和巴菲特一樣的事，那就是當你找到獲利可能性高的項目時，大筆下注。

巴菲特的集中投資法

一、將投資集中在由出色強大管理團隊經營的好公司。
二、只投資於幾家你懂的公司。十到二十家就夠了，超過二十家就是自找麻煩。
三、選出最好的幾家公司，大筆投入。
四、想遠點，至少五到十年。
五、波動難免，勇往直前。

第 11 章

金錢心理學

只要你的智商有一百二十五分，投資成功就與智商無關。只要你具備一般才智，再需要的就是要有自我控制的性情，別急於犯其他人在投資上的錯誤。

——巴菲特——

研究「什麼東西能挑動我們心情」永遠趣味無窮。而我對「心情強烈影響投資」這題目更感興趣。一般人往往以為，投資只是任由冰冷數字與無味資料主宰，實情絕非如此。

當要做投資決定時，我們的行為有時怪異、經常自相矛盾、不時顯得可笑。有時我們的決定不合邏輯，有時也看不出有什麼固定模式。我們做出了好決定但又給不出明確的理由，又毫無理由地做了壞決定。

特別要注意的，而且所有投資人都得當心，就是做了壞決定又常毫不自知。想全面了解市場與投資，我們就得要有自知之明，何處不理性。這些的重要性，不亞於花工夫分析資產負債表及損益表。

這種研究複雜、難解、糾纏不清。人生各個方面以與金錢的關係最帶情緒成分。而最影響決定的兩種情緒就是恐懼與貪婪。

在這兩種情緒或其中之一的影響下，投資人以愚蠢的價格買賣股票，遠高於或低於公司的內含價值。換種方式來說，投資人的情緒比公司的基本面更能影響股價。

促成人們買股票的決定，在很大的程度上都可以從人類行為原則得到解釋。既然市場在本質上應該是所有買股票人做出的共同決定，若說是心理力量在左右整個市場並不為過。

因此，凡想在股市賺到錢的人必須考慮到情緒的影響。這是一體的兩面：一方面盡量控制自我情緒，另方面注意其他投資人。當他們受情緒左右做出決定時，可能就是你發財的機會來了。

只要你的智商有一百二十五分，投資成功就與智商無關。只要你具備一般才智，再需要的就是要有自我控制的性情，別急於犯其他人在投資上的錯誤。

——巴菲特，一九九九年七月五日美國《商業周刊》

估量投資左右情緒的第一步就是了解情緒。幸好，這方面有用的資訊唾手可及。近年來，心理學家開始認真去建立金錢影響人類行為的基本原則。這種經濟學與心理學的結合叫做「行為財務學」，它才剛走出大學象牙塔，在投資圈裡有些知情者可能會談論到這些理論，而如果他們回頭看，會發現葛拉漢露出滿意的微笑。

真正的投資家

如我們所知，葛拉漢堅持要求他的弟子學習投資與投機之分別。他說投機者期望價格變動並藉此獲利，而投資者只想以好價錢買到好公司。接著他進一步解釋，成功的投資者通常修身養性成為冷靜、耐心、理性的人。投機者剛好是另種性情，焦慮、急躁、不理性。他們的天敵不是市場而是自己。他們的數學、財務、會計或許都一把罩，但如果不能主導情緒，在投資過程都難以獲利。

葛拉漢對於市場的情緒潛在危機之了解通透，實不亞於當代心理學家，甚至更勝一籌。他說真正投資家可以從其性情與技能看出，他的見解從當年提出到現在依舊顛撲不破。

夠格的投資家具有以下特質：

一、**真正的投資家能夠冷靜**。他們知道股價受各種合理與不理性因素的影響，會漲會跌，他們的持股也不例外。當股價跌落時，他們反應鎮定，只要公司維持著當時吸引他們買進的品質，價格會回升。同時他們不恐慌。

就此，巴菲特說的更直白；他說，除非你能承受持股被腰斬而不神色恐慌，否則你就別來股市攪和。他接著說，事實上只要你對所持事業有信心，你應該視股價下挫為加碼賺錢的良機。

在光譜的另一端，真正投資家在面對所謂「暴民發作」（mob influence）時冷靜依舊。當某支股票、某產業或某共同基金成為新聞焦點，暴民就一窩蜂跟進。問題是，如果每個人都做同樣選擇是因為「每個人」知道應該這麼做，那就不會有人從中獲利了。

一九九九年末《財星》雜誌的一篇報導中，巴菲特也談到「不可錯過的聚會」的因素；這種心理經常感染了許多牛市投資者。他提出警告，真正的投資家不怕錯過宴會，卻怕沒做好準備就前去赴宴。

二、**真正的投資家有耐心**。不被群眾牽著鼻子走，真正投資者等候好時機，他們放棄時候多於加入。巴菲特記得他在葛拉漢—紐曼工作時，是替公司分析可以買進的股票，卻經常被葛拉漢否決。巴菲特說葛拉漢只有在所有條件都對他有利時才買進一支股票。巴菲特從這些經驗學到「能拒絕」是投資人極大的優勢。

巴菲特認為當今許多投資人覺得必須要買許多種股票，其中多數的股票卻都表現平平，而未等到絕佳買進的好時機。為了強調葛拉漢的教誨，巴菲特常引用打洞卡的比喻。他說：「投資人要想像一生做決定的卡上只有二十個洞，做決定的次數只會愈來愈少。」如果投資人能如此自我約束，巴菲特認為他們會被迫耐心等待投資大好時機的出現。

三、真正的投資家夠理性。他們以清晰的頭腦面對市場與世界，既不無厘頭地悲觀又不會不理性的樂觀；反之，他講邏輯與理性。

巴菲特不解為什麼這麼多人在市場對他們有利時排斥市場，卻看上讓他們失利的市場。他們在市場行情大好時樂觀，在股價下跌時悲觀。如果他們進一步把這種感覺付諸行動，他們會做什麼？低賣高買，這不是最能獲利的做法。

當過度樂觀當道時，投資人開心地假設他們好運當頭，在眾多的股票中他們的持股一定雀屏中選，會一路長紅。在多頭市場時，這種現象尤為盛行，人人都有很高的期待。樂觀者認為不必做基本面的研究與分析。但研究與分析才會有長期的贏家。

有時環境裡又充斥著沒理由的悲觀，不管是針對某家公司或對整個市場，都會促使投資者賣在最差的時點。巴菲特觀察，真正的投資家在全球一片悲觀時心情大好，因為他們看清事情的真相，以折扣價買進好公司的最佳時機。他說悲觀「是低價最常見的肇因……我們喜歡在這種環境下談生意，倒不是我們喜歡悲觀，而是我們看中悲觀造成的價格。樂觀才是理性投資者的天敵。」

不管投資者悲觀或樂觀，都是投資人對未來看法的表白。預測未來如何怎麼說都是捉摸不定，而以情緒而不是研究決定樂觀（或悲觀）就更愚蠢了。巴菲特有次說：「預測股市的唯一價值就是讓算命術士顯得更靈。」他從不預期哪個時期股市會空頭或多頭。他做的是注意整體市場的總氛圍，並據此出手。巴菲特解釋：「我們不過是想在其他人貪婪時我們害怕，但其他人害怕時我們貪婪。」

我們不須比別人聰明，但是我們必須比他人更有修養。

——巴菲特，二〇〇二年波克夏年度會議

介紹市場先生

要讓弟子們看清情緒如何強勢影響市場波動，並讓他們體認到受情緒左右有多愚蠢，葛拉漢自創了「市場先生」（Mr. Market）一語。巴菲特常與波克夏股東分享市場先生的故事。

想像你與市場先生在一家私人企業共事。沒有例外，市場先生每天報一個他想讓你感興趣或他想賣給你的價格。你持有的事業幸好經濟狀況穩定，但市場先生的報價七上八下。你看得出市場先生情緒不穩。有時他心情高亢、一派樂觀，只看到好事在前。此時他開出高價來買你的持股。另些時候市場先生心情沮喪、徹底悲觀，只見大難難逃，以過低的價格想買你的持股。

市場先生還有個可愛點，葛拉漢說，他不介意人們對他擺譜。你不滿意他的報價，明天他另提新價位。葛拉漢告誡弟子：有用的是市場先生的錢包而不是他的智慧。如果市場先生露出愚蠢情緒，你可以不理或利用他，但如果你受他影響你就慘了。

葛拉漢寫道：「投資人因持股遇到不合理的市場下滑而讓自己嚇跑或過度擔憂，正好錯誤地把對他的利多變成利空。這種人的持股最好在股市沒銷路，以免他老被其他人的錯誤判斷而受折磨。」

成功要靠投資人做出好的企業判斷，並要有能力不讓自己掉進市場先生造成的情緒漩渦。一個人不足以成事。巴菲特成功的重要原因之一，就是他從不受股市情緒力道的影響。

他把自己能自外於市場蠢態歸功於葛拉漢與市場先生。

當市場先生遇到蒙格

葛拉漢虛擬出市場先生，並寫出市場存在非理性因素到現在也六十多年了。但這麼多年來，市場投資行為沒有明顯的改變。愚蠢錯誤依舊不斷，恐懼與貪婪仍然瀰漫市場。透過許多學術研究與調查，我們可以追蹤投資者的愚行。如果我們以巴菲特為導師，便能把他人的恐懼或貪婪變成自己的利多。但要全面了解情緒對投資的影響面，我們還得求教另外一個人，就是蒙格。

蒙格了解心理面對投資人的影響並呼籲正視之，相當程度地影響了波克夏的操作。這也是他最重要的貢獻。

他尤其重視他所稱的「錯判心理學」（psychology of misjudgment），也就是到底是什麼人性本質造成人們判斷錯誤？

蒙格認為主要的問題出在人腦在分析時習慣走捷徑。我們太快做結論了，我們易於被誤導，容易被左右。要彌補這種弱點，蒙格發展出一套對他很有用的思考習慣。一九九四年他的演說在《傑出投資人文摘》轉載，文中指出：「我個人已習於兩軌分析方式。第一，在理性考慮下，找出主導利益的因素為何。第二，當人們無意間自動進行這些動作時，下意識會作何影響；整體而言下意識的決定當然有些功能，但還是常常害我們處置失當。」

行為財務學

在許多方面蒙格真的很前衛。他早在投資專家正視財務行為前，便思考、談論市場行為的心理面。不過現在情況已有所改變。行為財務學目前是被著名大學經濟系接納的研究領域，包括芝加哥大學的理查・塔勒（Richard Thaler）所做的研究。

鑑於人們在涉及自己財務學時常犯愚蠢錯誤與不合邏輯的假設，學術界開始深入心理學概念，以解釋人們思考的不理性。這是個相對新的研究領域，但我們已有驚人的發現，對智慧型投資人極為有用：

一、**過度自信**。數項心理學研究指出，發生判斷上的錯誤一般都是因為人們過度自信。問一大群人是否相信自己駕駛技術好過一般人，絕大多數的樣本都會說他們是駕駛高手。另舉一例：被問到時，醫師們有九成自信能診斷出肺炎，然而實際上他們診斷正確的比例只有五〇%。

自信本身不是壞事，但過度自信就麻煩了，在處理我們的錢財時造成的殺傷力更大。過度自信的投資人不僅僅替自己做了愚蠢的決定，也強烈影響整個市場。

過度自信解釋了為什麼這麼多投資人做錯決定。他們過度相信自己蒐集到的資訊，並信以為真，其實卻沒那麼止確。如果所有的參與者都相信自己的資訊正確而且其他人毫不知情，結果交易就會爆量。

> 我幾乎是被強迫著面對錯判心理學；我一直排拒它，直到我了解這種態度讓我慘賠不堪。
>
> ——蒙格，一九九五年五月五日《傑出投資人文摘》

二、反應過度偏誤。塔勒列舉數項研究，顯示人們過度重視少數的可能機會，以為他們發現了新趨勢。尤其是，投資人習於注意最新收到的資訊，並遽下判斷。因此最新的獲利報告被他們當成未來獲利的訊號。接著他們相信自己看到別人所未見，透過膚淺的推論急忙做出決定。

這都是因為過度自信之故，人們相信他們比其他人更能看清資料，更了解其中的意涵。但還不止如此。反應過度讓過度自信更嚴重。

行為學者知道人們一般對壞消息反應過度，但對好消息又遲於反應。心理學家稱此為反應過度偏誤。因此如果短期獲利報告不佳，投資人典型的回應就是突然做出考慮欠周的過度反應，此時股價必然遭殃。

塔勒稱這種過度重視短期結果的現象為投資人「近視眼」，並相信多數投資人如果不收到月結單會更好。在與其他行為派經濟學者所做的研究中，塔勒以更戲劇化的實驗方式證明他的觀點。

塔勒與同事要求一群學生把模擬的投資組合用來分別買股票與國庫券。但首先，他們讓學生坐在電腦前，並模擬算出二十五年期間內此投資組合的獲利回報。半數的學生拿到如山高的資訊，代表市場的長期波動以及價格恆變。另一組同學只拿到五年為期的績效數字。接著塔勒讓兩組學生配置他們未來四十年的投資組合。

被資料轟炸的一組收到的資訊中有些是賠錢的，他們只把四〇%的錢用來炒股，而只拿到零星資料的一組卻把七〇%的錢送進股市。塔勒每年都到美國的全國經濟研究署與哈佛大學約翰．甘迺迪政府學院（John F. Kennedy School of Government at Harvard）合辦的「行為研討會」上演講。他說：「我給大家的建議是買股票，然後別拆開信封（就是別看寄來的月結單）。」

此次以及相關的實驗都清楚顯示，投資人確實短視，而眼光短淺造成愚笨行為。眼光短淺引發不理性反應的原因之一是心理學的另一主題：我們天生就怕賠錢。

三、怕賠。根據行為學派，賠錢之痛遠比賺錢之樂強多了。塔勒與其他人所做的多次實驗都顯示，人們要賺到兩次才能彌補一次的賠錢。在五五比的賭注上，勝賠機率相同，多數人不願冒險，除非贏的可能是賠的兩倍。

這種心理叫做「不對稱怕賠」。負面的作用遠大於正面，是人性心理很基本的一面。套用於股市，就是說投資人輸錢之痛是成為贏家之樂的兩倍。

怕賠使投資人過度保守，付出極高的代價。我們都想相信自己做了好決定，因此我們守著錯誤決定過慢，空盼事情會有轉機。只要不賠錢賣出，我們就不必面對自己的失策。但如果你不停損賣出，你就錯失了重新聰明投資獲利的機會。

四、心頭帳（Mental Accounting）

行為財務學最後值得我們注意的一面是心裡學者所稱的心頭帳。它指的是當周圍環境改變時，我們改變對錢的習慣。我們有意在心裡把錢放到不同「帳戶」，並以此決定錢要怎麼用。

有一個簡單的例子可以說明這個道理。讓我們假想你剛與太太外出了一晚回家。你找皮夾要付替你們看小孩保母的錢，發現以為還有的一張二十美元不見了。你只好開車送保母回家，並在途中停下從自動櫃員機提出二十美元。第二天，你發現二十美元在上衣口袋裡。

一般人會小高興一場。上衣內的二十美元是「撿」來的。雖然第一張與第二張二十美元都是從你帳上提出，兩張都是您辛苦所得，而現在手上這張二十美元並不是你預期有的，於是會興起「隨你高興怎麼花」的感覺。

塔勒再舉一個有趣的學術實驗以展示此概念。他選出兩組人，給第一組人三十美元現金，告訴他們有兩個選擇。（一）是把錢放進口袋，走人；（二）是翻銅板，如果贏了可以多得九美元，輸了扣九美元。多數的學生（七〇％）都一賭運氣，因為他們至少可以落袋二十一美元額外之財。第二組則「被告知」成以下的方案：（一）他們可以賭丟銅板，贏者可領三十九美元，輸者有二十一美元；或（二）不賭就可取三十美元。這組一半以上（五七％）決定不賭只拿三十美元。其實這兩組人有贏得同額的同樣勝算機率，但對情況卻有不同的看法。

五、風險承受。就像磁鐵會吸引周遭的金屬，你的風險承受能力牽動所有財務心理的因素。心理概念是抽象的，而在日常決定買賣時又變得很具體。這些決定的共同點就是你怎麼看風險。

過去十二年左右，投資專家費了許多氣力幫助人們評估他們的風險承受力。最初這看起來好像是件簡單的事。不過，以一問一答的方式雖可替投資人做出一份「風險成分量表」，但問題是人們的風險承受力全視情緒而定，也就是說隨著環境的改變而改變。市場重挫時，最敢冒風險的人也變得謹慎。在多頭市場時，本屬保守型的投資人也加碼買進股票，動作之快不輸積極型投資人。

想了解風險承受的真相，不僅要使用心理學家常用的標準評估問題與調查事項，還得更深入地挖掘。數年前，與維拉諾娃大學（Villanova University）的賈斯汀．葛林博士（Justin Green）合作，針對個性及更明確而直接的風險因素，我也提出一套分析工具。

總結我們的研究，我們發現冒風險傾向與性別與年齡此兩種人口統計要素有關。女性顯然比男性保守，老年人不比年輕人敢冒風險。就個人性格來看，目標明確並自認能控制和影響環境的投資人，有較高的風險承受度。這種人把股市風險當成投資「附帶的兩難」，他們相信只要有資訊再加上理性選擇就能賺錢。

對投資人而言，行為財務學的意義很清楚，就是我們怎麼決定投資以及怎麼選擇管理這些投資與我們怎麼看待錢財很有關係。

因為有「心頭帳」，人們多了個不願拋出爛股的理由，在他們的腦理，就是只要還沒賣就沒虧到。

另個與風險有關的重要因素就是，花的若是「撿來的錢」，我們就大膽多了。從更廣的角度來看，心頭帳強化了效益市場假設的弱點，它顯示市場價值不全由資訊整體決定，也要看人們如何處理資訊。

集中投資的心理學

我們對心理學與投資的一切所知，都可在巴菲特這個人身上看到。他相信自己的研究，而不信好運。他行動前先設定深思過的目標，不因短期事件而動搖。他真正了解什麼是風險，並安然接受冒風險的結果。

遠在有行為財務學此名稱之前，巴菲特與蒙格這種天生反骨早已明白也將之視為理所當然。蒙格指出，巴菲特與他從研究所畢業後，他們「進入商業世界，發現其間充斥龐大而可預見的嚴重非理性模式。」

在涉及投資時，情緒變得很真實，它影響人的行為，最後影響市場。我相信讀者已感覺到，了解人類行為動態對你的投資很有用，理由有二：一、你有了幫你不犯常見錯誤的指標。二、你能看出他人犯錯而對自己有利的時機。

我們都難逃會誤判的錯誤，阻礙了我們成功之路。當成千上萬的人誤判，集體形成的作用把股市推往毀滅之路。接著，跟著群眾走的誘惑難拒，錯判如滾雪球。在非理性行為浪潮中，只有少數維持理性的人能倖存。

要做好集中投資就要養成一定的投資性格。路途必然顛簸，直覺往往無法指明哪條路徑才對。股市不斷波動讓投資人心情不定，進而做出不理性的行為。你得對這些情緒保持警覺，做好理性回應的準備——即使你的直覺要你反其道而行。但就像我們所知，集中投資帶來的未來回報可觀，足以回饋我們的努力。

第12章

不理性的人

理性的人自我調整配合世界。不理性的人堅持要世界改變配合他。因此進步就只有靠不理性的人。

——蕭伯納——

蕭伯納曾寫道：「理性的人自我調整配合世界。不理性的人堅持要世界改變以配合他。因此進步就只有靠不理性的人。」

我們該把巴菲特歸為「不理性的人」嗎？要這麼做我們必須假設他的投資方式代表金融世界的進步，而我就是這樣地假設。因為當我們看看「理性人」最近到底做了什麼了不起的事時，會發現他們做出最好的情況是造成波動、最壞時就是一場場的災難。

以後，一九八〇年代很可能會被說成是伏筆寫下金融管理界「未來震盪」的十年。透過電腦程式交易個不停、融資購併、垃圾債券、衍生性證券以及指數期貨商品等等，嚇壞了眾多投資人。理財經理人的分寸消失。辛苦的基本面研究被電腦旋風取代，靠電腦運算而不靠管理團隊的走訪與調查，自動化取代了直覺。

一九九〇年代末期如果有什麼好說的，那就是以上情況變得更糟。一場激情又高估的市場現象，一般人口中的「達康潮」後來死得很難看。巴菲特稱之為「大泡沫」。我們都知道泡沫變大後會怎樣，就是破滅，範圍內無人不受池魚之殃。

許多投資人因此遠離金融市場。二〇〇〇年到二〇〇二年的三年空頭市場殘渣，讓許多人特別感到滿嘴苦味。即使到了現在，許多理財經理人仍無法替客戶增加價值，不難理解投資消極已成為主旋律。

在過去幾十年，投資人接納各種不同的投資方式。有些時候，小型股、大型股、成長型、價值型、機動型、主題型、類股輪動等，這些標的或方法都能賺到錢；其他時候，這種方式不過就是套牢投資人。唯一的例外就是巴菲特，沒在這場劣幣逐良幣的時期受害。他的投資績效被各方記載，領先不墜。

不管是投資者或投機者，在他們忙於應付難懂的投資方法時，巴菲特的荷包已悄悄地賺了幾十億美元。在整個過程裡，事業是他的工具，而常識是他的哲學。

> 做股票很簡單。你只要以低於企業內含價值的價格買進好企業，而其經營團隊德才兼備就行了。接著，你就死抱這些股票不放。
>
> ——巴菲特，一九八八年十一日《財星雜誌》

他怎麼做到的？

根據已有記載的文件，加上巴菲特的成功方法是如此的簡易，更重要的問題應該是：為何其他投資人不採用他的方法？答案端視每個人怎麼看投資。

巴菲特投資時，他看到的是一項事業。多數人看到的卻是股價。他們花了太多時間和精力看盤、預測並期待價格變化，而未用心於了解他們買進的事業。聽來粗淺，但這正是巴菲特不凡之處。

在其他投資人忙於研究資本資產訂價模型、評估市場風險的「貝塔係數」（beta）、當代投資組合理論時，巴菲特埋首於損益表、資本支出要求以及公司賺取現金的能力。他親身接觸多種產業的許多事業經驗，使他有別於一般專業投資人。

巴菲特問：「你真的能告訴魚，在陸地行走是什麼樣的感覺嗎？只要讓牠在地上一天就比說上幾千年都有用，經營事業一天也有同樣的意義。」

就巴菲特看來，投資人與生意人應以同一方式檢視公司，因為兩者要的是本質相同的東西。生意人想買下整家公司，投資人要買部分的公司。理論上，生意人與投資人為了獲利應檢視同樣的變項。

如果只要改變觀點就能適用巴菲特的投資策略，那就會有更多投資人拜在門下。但採用巴菲特心法不僅要改變觀點，還得改變對績效的評估。傳統衡量績效的標準是看股價的變動，也就是當時的買價與今天的市價比較。

長期而言，股價應與企業價值等值；但短期上，出於各種非理性原因，價格可能遠高於或低於公司價值。問題就是多數投資人以此短期價格變動來衡量他們投資的成敗，即使價格的變動與企業的變動經濟價值無關，而是與預期其他投資人將如何行為有關。

更糟的是，客戶要求專業投資公司每季都要報告績效。由於不美化短期績效就要擔心客戶走人，專業投資人結果更受制於股價的追求。

巴菲特認為以短期股價判斷公司成功與否很蠢，一九八八接受《財星雜誌》採訪時，他說：「股市的存在不過就是讓你看看有沒有人想做蠢事的參考場所。」巴菲特讓旗下的公司向他報告業務改進的價值。他每年一次審查以下幾個變數：

- ◆原始股東淨值的收益回報。
- ◆獲利率增減、負債水準、資本支出需求。
- ◆公司賺現金的能力。

如果這幾項經濟因素都在改進，他知道股價長期必然會反映出來。股價短期的波動是不重要的。

巴菲特投資法

本書主旨在幫助投資人了解並採用巴菲特成功的投資策略。我希望從他過去的經驗中學習，再呈現給讀者以自主運用他的方法。也許在未來你有慧眼看出「像巴菲特」的投資機會，並有能力以之獲利。例如：

- ◆當股市迫使好公司的股價下跌，如《華盛頓郵報》的遭遇。
- ◆當特定風險暫時懲罰一家企業，如曾發生在富國銀行的公司價值被錯估。

◆當投資人無動於衷，讓一家超級公司如可口可樂的股價只值其內含價值的一半。

能像巴菲特一樣去想與做的投資人必有回報。

巴菲特的方法簡易可懂。不需要學電腦軟體，不必看懂投資銀行繁重的手冊。計算公司的價值並以低於事業價值的價格買進，不需要懂科學才會。巴菲特說：「我們所做的人人做得到，真的不必做什麼了不起的事才會有了不起的結果。」

諷刺的是，巴菲特的成功一部分是靠他人的失敗而來。他解釋：「幸好商學院所教的都沒讓這些成千上萬的人（學生）更會思考，幫了我一點忙。」我不是說巴菲特也很普通，他一點也不平凡。他聰明過人。但巴菲特與其他專業投資人的距離愈拉愈開，因為專業人士願意賭必輸的局而巴菲特不會。讀者也可以做同樣的選擇。

不論你在財務上能買下公司一〇%的股權或只能買一百股，巴菲特投資法都能助你的投資獲利。但此方法只能幫助自助者。要成功，你必須願意自己去做些思考。

如果你需要不斷「自我肯定」你的投資正確——尤其是從股市裡得到安慰，你就會縮小你的獲利。但如果你自我著想，使用相對簡單的方法，有相信自己判斷後的勇氣，你獲利的機會大增。

人在試新東西時，開始難免害怕。採用新而不同的投資策略，自然會有同樣的不自在感。巴氏投資法的第一步最難。如果能做到第一步，之後就容易了。

步驟一：別理股市

記住，股市既狂躁又抑鬱。有時股市對未來一片看好，有時又無由地壓抑。當然，這些行為帶來機會，尤其是好股票不理性地被壓低時。但就像你不會聽一個狂躁又抑鬱的人建議，你也不該讓市場主導你的行為。

股市不是指導員，它的存在只是讓你有個幫你完成股票買賣的機制。如果你相信股市比你聰明，就把錢拿去買指數型基金。但如果你自己有研究，了解你的公司，並自信你比股市更了解公司，那就別去理股市。

巴菲特辦公室內沒有報價裝置，沒有它他好像也過得去。

如果你想持有一家好公司的股票數年，股市每天的起伏就無關緊要。你還是得定期注意股市，看看是否發生了什麼事給你投資良機；其實如果你不天天守著大盤指數，你會發現你的投資組合好得很。

巴菲特說：「我們買了一支股票後，股市即使關閉一兩年，我們也不會覺得天塌下來了。我們不需要每天知道全權持有的時思糖果的股價，才能安心生活。那我們又有何需要去知道只持有七%（現在已持有八%）股權的可口可樂股價呢？」

巴菲特想告訴我們的是，他不需要知道股價來確認波克夏在普通股上的投資做對了。對個別投資人又何嘗不是如此。如果當你在觀盤時腦中想的問題是：「最近有沒有人做了些蠢事，讓我有好機會以低價買到好公司？」，這時你就知道你與大師接近了。

步驟二：別擔心經濟

就像人們白花力氣去擔心股市，他們也多餘地掛慮經濟。如果你發覺你與人在爭執經濟是要成長或走向衰退，利率要走高或調降，或者有通膨或通膨減緩等等，馬上停止，饒了自己吧。

投資人常從經濟假設開始，再以此為據挑選股票。巴菲特認為這麼做挺蠢的。其一，沒有人能預測經濟或預測股市。再者，如果你選的股票只有在特定的經濟環境下才能獲利，並不斷調整投資組合以配合下個經濟狀況，遲早要碰到反轉或純屬猜測。

巴菲特喜歡買進在哪種經濟環境都有賺錢機會的事業。總體經濟或許會影響獲利率，但整體而言，經濟儘管難測但巴菲特的事業都能維持相當的獲利。把時間用在尋找和買進可以在各種經濟狀況下獲利的企業，比找來一堆只能靠你剛好猜對經濟走勢才能賺錢的股票，要明智多了。

步驟三：買的是事業不是股票

假設你得做出重大決定。明天你有機會挑個事業投資。為了增加趣味，讓我們再假設一旦做出決定便不可更改，同時你得持滿十年。最後這項事業的持有權所衍生出的財富將成為你的退休金。現在，你腦袋會想些什麼？

或許現在你腦中閃過許多問題，一片混亂。但如果叫巴菲特來做示範，他會有系統地以各項基本守則逐一衡量此事業。

- 此事業簡單易懂，有穩定的營運紀錄以及看好的遠景嗎？
- 是否由誠實能幹的經理人經營？他們能理性配置資本，坦誠對待股東，以及能獨排眾議嗎？
- 公司的基本經濟狀況可好，是否有高的獲利率與業主盈餘，以及它保留的收益能用以增加夠高的公司市值嗎？
- 最後一點，買進價格是否比內含價值低？**請注意，只有到此最後一步，巴菲特才會去看股價。**

計算事業的價值在數學上並不複雜；但問題出在我們錯估公司未來的現金流量。巴菲特以兩招對付這種問題。一是增加正確預估未來現金流量的機會，只找簡單穩定的事業。二是堅持公司的收購價與自己算出的價值間保留安全空間。這個安全空間形成緩衝區，可以在公司未來現金流量不如預期時保護你。

步驟四：管理投資的「企業組合」

現在你是一個事業的持有人而不是散戶了，你的投資組合也會跟著改變。因為你不再只以股價變動決定投資成敗，或拿年度價格的變化與普通股指數做比較，你可自由挑選市場上有的最佳事業。沒人規定你的組合必須囊括所有重要產業或非得納入三十、四十、五十支股票才能做到適當的風險分散。

巴菲特相信，只有不知道自己在做什麼的投資人才需要廣泛的分散。如果這些「啥也不懂」的投資人想要持有普通股，他們只要買指數型基金就行了。但對「懂一點」的投資人，人云亦云地分散到幾十支股票的做法狗屁不通。巴菲特要你想想，如果你所持有的事業財務風險最低、長期遠景看好，那又何必把錢用在排名二十的企業，而不在首選企業上加碼呢？

你現在管理的是企業組合，許多事要跟著改變。第一，你不可能賣出你的最佳事業只因他剛替你賺了點錢。第二，你在買進新事業時會格外審慎。你不再因為有閒錢就輕易買進普普通通的公司。如果公司通不過你的守則篩選，就別買。要有耐心等待好事業出現。

如果你認為沒有買進賣出就是沒有進展，那就錯了。就巴菲特看來，人一生要做數百個高明的決定，很難，他寧願把組合定位在只要做對幾次明智的決定就好了。

大師精華

驅動巴菲特投資策略的力量就是理性配置資本。決定要如何使用公司的收益是經營者最難做的一項決定。理性就是展示理性思考與做出選擇，這是最受到巴菲特推崇的特質。不管如何難測，金融市場中仍有理性的脈絡可尋。巴菲特的成功就在於找到這條理性脈絡並絕不走失。

巴菲特有過失敗經驗，未來也還會有。但投資成功不等於無錯，成功是來自多對少錯。巴菲特投資法亦如此，他的成功靠的就是排除會錯的事情；可能會錯的事既多且雜（預測市場、經濟、股價），但要把事情做對，只要把握少而易（算出企業的價值）的重點。

巴菲特買股票時，只注意兩個簡單變項，就是公司的價格與價值。一家企業的價格只要看報價就有了，而價值就要用算的，但不會比做課業更難。

> 投資沒那麼複雜。你得通曉會計、商業用語。你應該讀一讀《聰明的投資人》。你得有正確的思路、恰當的投資性格。你得對過程感興趣，並只做能力所及的事。讀葛拉漢與費雪的著作，讀年報與工商報導，但別去算有一堆希臘字母的方程式。
>
> ——巴菲特，一九九三年波克夏年度會議

因為你不再擔心股市、經濟或預測股價，你有更多時間去了解你的事業。你可以更有效率地閱讀年報以及工商報導，增進你做為股東的知識。事實上，你愈是願意調查你的事業，你就愈不用去理會那些靠建議人們做出不理性決定的人。

最好的投資點子來自個人的修行；但你不必因而退卻。巴菲特投資法不會難倒認真的投資人。你不必成為評估企業價值的企管碩士之流，才能妙用巴菲特投資法。

不過，如果你覺得奉行這些守則不自在，可以由你的財務顧問回答這些同樣的問題。事實上，你愈是進入價格與價值的狀況，就愈能開始了解與推崇巴菲特投資法。

巴菲特一生嘗試了許多不同的投資求勝法。年輕時還畫過股市趨勢圖。最後他師拜於二十世紀最傑出的財務大師葛拉漢門下，也與合夥人蒙格經營以及持有龐大的事業集團。過去五十年，巴菲特歷經兩位數的利率、物價飛漲、股市崩盤等。在度過這些叫人不知何往的時刻，他找到適合他的利基，至此他茅塞頓開，明白了投資策略與人的個性共存。

巴菲特說：「我們的（投資）態度符合我們的個性以及我們想要的生活方式。」

巴菲特的態度充分顯示出這種和諧，他總是興致高昂、與人為善。讓他最開心的不外乎是每天去上班。

他說：「我一生想要的都在這兒，我珍惜每一天，我是說，我手舞足蹈來到辦公室，與我喜歡的人一起工作。」

他又說：「全天下沒有比經營波克夏更有意思的工作了，我認為我真夠幸運，才能走到這一步。」

後記

說穿了，學巴菲特理財

就我看來，現在的證券分析法與五十年前的其實沒什麼兩樣。

——巴菲特——

一九八四年夏，我開始在李格梅森公司展開我理財經理人的職業生涯。那天是個典型巴爾的摩溼熱的天候。十四位投資經紀新手包括我本人，走進窗戶大開的會議室開始接受培訓。

我們在桌前坐下，每個人都拿到一本葛拉漢寫的《聰明的投資人》（什麼？從沒聽過這本書）以及一九八三年巴菲特（誰？沒沒無聞的傢伙）所寫的波克夏公司年報（大概是家無名小公司吧）。

第一天的課程除了自我介紹，還有高階主管與公司最成功的經紀人前來歡迎我們。他們一個接一個驕傲地解釋，李格梅森的投資哲學首重「價值」。他們緊抓著《聰明的投資人》，輪流背誦這本聖經的章節與內文。他們說，要選擇以低本益比、相對於帳面價值較低的股價以及高股息股買進。他們說，別理會股市每天的起落，市場的警訊多半會引你走入歧途。他們說，設法讓自己逆向思考。在價格下挫時買進受冷落的股票，才能在價格回升，股票再受關注時高價賣出。

第一天收到的訊息既一貫又合邏輯。當天下午我們分析價值線研究報告並學習分辨價格下跌而且看起來便宜的股票，以及價格上漲並看似貴的股票有什麼差別。到了第一天培訓課程結束時，我們都自以為得到了投資的葵花寶典。在打道回旅館前，培訓指導員提醒我們把波克夏年報帶回家好好讀，以備次日課堂之用。她興沖沖地告訴我們：「巴菲特是葛拉漢最著名的高徒。」

當晚回到旅館，我累垮了；用眼過度、視線不清，腦袋裡全是資產負債表、損益表、各種計算比率。老實說，最不想做的就是再花一小時去讀年報。我很確定腦子再灌進些投資論點，肯定會爆。我勉強而疲憊地拿起了波克夏公司的年報。

報告第一頁內容便是向波克夏公司的股東致意，巴菲特說明公司的主要事業原則；他寫道：「我們的長期經濟目標是讓每股的內含價值有最大的年回報率。我們比較希望是以直接持有幾家不同的事業群方式，帶進現金並持續賺到高於平均的資本報酬率。」他並承諾，「我們會據實以告，強調我們在估算企業價值時的基本重點及特定考量。我們的準則是告訴大家『若我是股東就會想知道』的商業事實。」

接下的十四頁巴菲特陳述波克夏主要控股的公司，包括內布拉斯加家具廣場、《水牛城晚報》、時思糖果店以及GEICO等。如其承諾，巴菲特接著說出所有這些企業我想知道的經濟狀況或其他事實。

巴菲特列出波克夏旗下保險公司投資持有的普通股組合，包括聯合出版公司（Affiliated Publications）、通用食品（General Foods）、奧美廣告（Ogilvy & Mather）、雷諾茲菸草公司（R.J. Reynolds）以及《華盛頓郵報》等。我馬上折服巴菲特能如數家珍地前後穿插解說組合中的股票，以及波克夏主要持股公司的企業特質。他就好像把股票分析與企業分析說成根本是同一回事。

真的，我上了一整天分析股票的課，了解股票是企業的「部分持有權利益」，但卻未意識到把這兩者合起來分析是最重要的。當我研究價值線報告時，只看到會計數字與財務比率；而在讀波克夏的報告時我看到的是事業，有產品、有顧客。我看到經濟狀況與現金收益，也看到競爭對手以及資本支出。或許我在分析價值線報告時就該看出這些，但不知道為什麼，感覺就是與讀波克夏的年報不同。當我往下讀這份報告時，對我仍充滿神祕的整個投資世界開始豁然開朗。那個晚上靈光乍現，巴菲特讓我看清楚投資的內在本質。

第二天早晨，我對投資充滿熱情，培訓結束後我在返回費城的途中腦子裡只想著一件事：我要以巴菲特的方式投資我客戶的錢。

但我知道還有得學，於是我開始建立一套背景資料檔案。首先我取得波克夏所有的年報，接著訂購巴菲特投資的所有上市公司年報。然後我收集所有關於巴菲特的報導。

盡我所能建好檔後，我一頭鑽進。我想先精通巴菲特，再與客戶分享心得。

接下來幾年，我的投資事業聲名卓著。由於奉行巴菲特的教誨並跟著他選股，我替客戶賺錢的時候多於讓他們賠錢。

我大部分客戶都能理解把股票當成「投資部分事業，並以低檔價買進」的做法。有少數離開我的客戶倒不是嫌巴菲特的方式不好，而是他們受不了逆勢操作的情緒震盪；還有一些人離開是因為沒耐心等到花開結果。這種人渴望交易，不停地想做些什麼，什麼都可以，結果往往偏離正軌。回頭看過去，我不認為其中有任何人不同意巴菲特的投資邏輯，但的確有些人心態上不適應。

在此同時我繼續收集巴菲特的資料，凡年報、雜誌專文、訪談，只要與巴菲特以及波克夏有關，我就讀、分析、建檔，就像是個小球迷追著大明星球員。他是我的英雄，每天我都想學巴菲特一樣揮棒。

時光荏苒，我想成為全職的投資組合經理人的念頭日益強烈。一般投資經紀人在買或賣時都可抽成，基本上是佣金制。身為經紀人，我只能做到「買對」這部分，而巴菲特強調要長抱持股，使我在「賣」這部分很難表現。今天，多數金融服務公司允許投資經紀人與理財顧問收取固定費用而不是抽成——如果他們願意的話。後來我遇過數位投資組合經理人，他們的收入視績效而定，而不是買賣多少。我覺得這種職位才是運用巴菲特技術的理想環境。

我先從費城地方銀行的投資部吸取了些投資組合管理的經驗，一路做起最後拿到「特許財務分析師」執照。之後我加入小型投資公司，在那兒我開始管理投資組合並以此向客戶收費。我們的目標是幫助客戶在可接受的風險範圍內創造不錯的獲利率。我們有很多客戶都賺到了自己期許的數字，而現在他們想要保住財富。因此，我們公司的許多投資組合是在股票與債券組合間保持平衡。

就是在這個時候，我開始把對巴菲特的一些想法寫下來，與客戶分享他的投資智慧。畢竟巴菲特投資了四十年，累積足夠多的本錢，向他看齊沒壞處。這些文章最後結集成了《值得長抱的股票 巴菲特是這麼挑的》這本書。

有兩個理由使我後來決定成立一支共同基金並以《值得長抱的股票 巴菲特是這麼挑的》書中的原則來操作。一是我們的投顧公司需要一支工具來處理許多資金不多，無法單獨成立組合帳戶的客戶；二是我想在基金經理人全權委託的自由裁量地位下，以《值得長抱的股票 巴菲特是這麼挑的》為本創造投資績效。我想展示巴菲特傳授的以及我寫的東西，如果照做，可以讓投資人獲利超越市場。要證明就靠績效。

新的基金在一九九五年四月七日成立。以研讀巴菲特十年之功，外加數年管理組合的經驗，我覺得我們足以讓客戶的獲利回報高於平均。然而事與願違，我們連續兩年的投資績效平平。

到底出了什麼事？

我分析了這段時期的投資組合以及股市時，發現兩件重要但互不關聯的原因，可以解釋為什麼會失敗。

第一，在我成立基金時，我買的多半為「波克夏型」的股票如報紙、飲料公司以及非耐久消費性事業，還有幾家特別挑出的金融服務公司。我甚至買了波克夏公司的股票。

因為我的基金是巴菲特投資法的實驗，組合中自然會有許多巴菲特買的股票；但巴菲特一九八〇年買進的股票到了一九九七年早已變了。許多公司在八〇年代的盈餘持續兩位數字成長，到了九〇年代末卻只剩個位數成長。不僅如此，這些公司的股價在這十年不斷上漲，與他們內含價值的差價也比過去小多了。當一家公司成長腳步放慢後，內在價值的折扣就小了，想再靠投資它而獲得超過平均水準的大幅獲利可能沒機會了。

如果第一個因素是這些組合中的公司成長趨緩，第二個理由就是投資組合外的狀況也變了。在基金買的公司成長變慢同時，某些科技公司的經濟則快速成長，如電信、軟體以及網路服務等。因為這些產業占了標準普爾五百相當大的權值，股市也跟著快漲。我很快發現，我基金內公司的經濟狀況遠不如這些新興而強大的科技公司，當時市場以它們為貴。

一九九七年，我的基金要做個了斷。如果我持續投資傳統巴菲特型的股票，我大概只有平庸的成效。甚至巴菲特也告訴波克夏股東，他們已不能再想要有公司以前高於平均的投資績效了。我知道如果繼續在已高漲的股價上和巴菲特抱持同樣的組合，再加上公司經濟狀況普通，我將無法替股東賺到高於平均的收益。那這時基金存在又有什麼意義？如果共同基金的投資績效無法隨著時間證明能高於大盤平均指數，這些客戶還不如去買指數型基金。

徘徊在投資十字路口的這段時間，我備感壓力。很多人對這支基金是否要做下去提出疑問，也有人質疑巴菲特能否對抗新經濟產業並再創高於平均的績效，最大的問題是「視股票為部分事業」的這套做法在分析科技新產業是否可行。

我內心知道巴氏投資法依舊靈光。我完全知道事業分析法依舊能幫投資人挖出被錯估的股價，並在市場短視中逆勢獲利。這我都知道，但一時的猶豫，使我無法跨入新經濟領域。

當年我初入李格梅森公司時，有幸結識比爾．米勒（Bill Miller）。當時米勒與厄尼．奇尼（Ernie Kiehne）共同管理一支價值基金。米勒定期與新經紀人交談，分享他對股市與公司的看法以及廣博的讀書心得。雖然我後來離開李格梅森去當投資組合經理人，但仍與米勒交往不輟。《值得長抱的股票 巴菲特是這麼挑的》出版後我們曾重聚，深入討論經濟變動期間的投資與難題。

在《值得長抱的股票 巴菲特是這麼挑的》裡，我指出巴菲特不只靠本益比來選股票。創造價值的主力來自公司盈餘以及公司賺進高於平均的資金獲利率的能力。有時低本益比的股票確能賺進現金，以及高的資本獲利率，這就成了絕佳投資標的。但有時，低本益比的股票消耗現金，資本獲利率也很低，不值得投資。巴菲特說，真正可以拉高股價的是投資資本的高回報率。

米勒在幾年前便有這種認知，並運用在他的價值型基金上。他已連續四年打敗市場頻頻得分，在投資圈風光一時。

我的基金正在苟延殘喘、生死存亡之際，我找米勒討論是否有策略與機會。我告訴他巴菲特投資法沒問題，他同意；我告訴他打敗股市的唯一辦法就是把股票當做企業來分析，才能在市場價格機制反應前，先測知企業內部發生重大變化，他也同意。我告訴他我相信巴菲特這一套應用於新產業也有效，但我卻猶豫不前。他說：「加入李格梅森，我們一起做，讓我做給你看該怎麼做。」

其實道理仍然一樣：把價值法用於公司的現金收益以及資本報酬率，而不是把重心放在本益比，米勒緊盯著科技疆域裡的新公司。一九九六年他在戴爾電腦仍處在六倍本益比、四〇%資本報酬率時買進。其他人也買進了戴爾，但都在本益比升到十二倍時便賣出，因為市場流行的說法是：個人電腦公司股票要在六倍本益比時買進，並在十二倍時賣出。十二倍時米勒沒賣卻研究戴爾的企業模式，很快他便發現戴爾的資本報酬率快速提高到驚人的三位數。因此，當其他價值基金經理人在十二倍本益比時賣掉戴爾，米勒續抱，等到它本益比擴大到二十倍、三十倍、四十倍時，他相信這家公司內含價值仍在快速成長，股價仍被低估。結果他對了，米勒在戴爾電腦的投資替他的基金客戶帶來三十倍的獲利回報。

米勒繼續對新經濟領域加碼投資。他在美國線上（AOL，現已併入時代華納集團）狠賺。他投資電信業，在諾基亞與Nextel通訊公司都大豐收。李格梅森資本管理公司是亞馬遜網路書店的第二大股東，持股只少於執行長貝佐斯。最近米勒在他的基金組合還加進了eBay，理由是這家公司處於起步階段，像極一九九三年的微軟。

當年微軟的市值為兩百二十億美元，多數的價值法投資人都認為它被高估了。到了二〇〇三年，微軟成長為一家市值兩千九百億美元的企業。微軟的股價漲了十倍多，而標準普爾五百指數這段時期只漲了一．三八倍。

所以一九九三年時微軟是價值型的股票嗎？看來似乎如此，但沒有價值投資者想碰。eBay 目前是價值型股票嗎？我們顯然相信它是，但我們不確定未來幾年會怎樣。只有一件事情對我們是確定的，就是你無法以 eBay 的本益比判斷它是否為價值型股票，就像你無法以本益比來決定微軟的價值一樣。

米勒投資決策的重心是要了解公司的企業模式。包括是什麼東西在創造價值？公司如何賺進現金？公司可以賺進多少現金，又預期有多大的成長率？公司的資本報酬率如何？如果它的獲利率大於資本成本，公司的價值就在增加。如果獲利率低於資本成本，公司的價值就在遞減。

最後，米勒的分析讓他大致知道，一項事業的價值基本上就是公司未來現金收益及現有價值的日後減損。儘管米勒的基金組合公司不同於巴菲特的波克夏投資組合，但兩人都是以同樣的方式進行投資。唯一的不同是米勒決定要把投資哲學用在新經濟事業，這些事業快速主宰了全球的經濟領域。

當米勒邀請我帶著基金加入李格梅森資本管理公司，我們在理論上的做法相同。加入他們的團隊有個重要優勢，那就是現在我身處一個真正運用企業價值模式來投資的組織，只要有創造價值的機會出現都不放過。我不再侷限於只找巴菲特買進的股票，市場上每支股票都可以分析。我想你也可以說，我是被逼得要長大。

我之前經營基金時犯的第一個思考錯誤，就是誤以為巴菲特不持有高科技公司，這些公司當然就不值得分析。

是的，這些新興事業的經濟風險都比巴菲特已持有的公司高。汽水、刮鬍刀、地毯、畫、以及家具的經濟狀況要比電腦軟體、電信和網路容易預測多了。

但「難以預測」並非「無法分析」。科技公司的經濟狀況比非耐久財消費性產品事業多變，但對這類企業深入研究仍可讓我們找出一系列有價值的可能目標。守住巴菲特模式，能不能清楚算出公司的價值並非重點，只要我們能對公司價值給予相當折扣（即等於預留了安全空間），就可買進這些有潛力發揮價值創造能力的公司。

巴菲特信徒們以往沒想到，分析一家前景可期的科技公司，其回報遠大於風險；我們必須做到把每支股票當事業來分析，算出此企業的價值，並避免更高的經濟風險，只要在購買價格上要求預留更高的安全空間。

我們不該忘記多年來許多巴菲特投資法的信徒將其哲學運用於股市的不同部分。數位傑出的投資人買進非波克夏的持股，也有個別投資人買進小型股。少數投資人把巴菲特方法用在國際市場買進海外股票。請隨時牢記：巴菲特投資法適用所有的事業，不論是哪一產業，不管市值大小或哪地的公司。

在一九九八年我加入李格梅森資本管理公司後，我的成長基金投資績效在一段時期內表現不俗。好成績並非是因為改了想法與做法，而是將想法與做法用於更廣泛的股票標的。當投資組合經理人與分析師願意研究各種類股時，不論屬於哪種產業，發現階段性被低估股票的機會隨之大增，進而帶給基金客戶更高的獲利。

這不表示我們不會有表現差的一年，一季或一個月，只是你把在市場上賠錢的所有時間加起來，不論在哪個時期，我們賠的錢小於我們績效優於大盤時所賺到的錢。

就此而言，此基金的紀錄與其他集中型基金相差不遠。回想一下蒙格、盧恩、辛普森這些投資家的績效，他們每個人都有一流的長期好表現，但也忍受過短期低於平均的失敗。他們每一位都採用估算企業價值的流程以決定股票是否被錯估。他們都傾向經營集中、低週轉率的投資組合。他們採用的流程讓他們取得長期成效，但代價是和平均市場績效時有差距。

李格梅森的首席投資策略專家麥可．毛布辛（Michael Mauboussin），在一九九二年到二○○二年間進行了一項最佳共同基金的研究。他找出所有在這段時期由單一經理人操作、資產超過十億美元並打敗標準普爾五百指數的基金。結果共有三十五支基金中選。

接著毛布辛檢視這些基金經理人打敗市場的流程，並篩選出四個使他們優於多數基金經理人的特質：

一、投資組合週轉率。整體而言，這些打敗市場的共同基金平均週轉率約為三〇％，遠低於所有股票型基金一一〇％的週轉率。

二、組合集中。長期優秀的基金通常成分股較集中，少於指數型或一般股票型基金。平均而言，傑出的共同基金把三七％的資產用來買投資組合中的前十支股票。

三、投資風格。表現優於市場的人多半以內含價值選股。

四、地理位置。這些贏家只有極少數幾位來自東海岸金融中心如紐約或波士頓。多數會賺錢的經理人位於芝加哥、鹽湖城、孟菲斯、奧瑪哈與巴爾的摩等城市。毛布辛認為遠離金錢狂熱地區如紐約與波士頓等，可以減緩許多共同基金群聚的躁動症。

不論是葛拉漢與陶德派的超級投資人、巴菲特信仰的超級投資人，或是毛布辛研究專案找出的基金經理人，他們投資績效優異的共同點，就是其投資組合側重於集中、週轉率低，並以發現公司內含價值為選股重點。

雖然有種種鐵證告訴你如何讓長期績效優於平均，但多數理財經理人的表現依舊不如股市。有些人相信這就是市場有效的明證。也許透過理財經理人間的激烈競爭，股票的價格會更趨向正確。這種推論可能只有一半是真的。我們認為市場愈來愈有效，如果只靠技術分析決定行動將愈來愈難在股市獲利。當然，更不要說現在已沒有人相信參考本益比便能選股了，市場會讓你不好過。

了解現在企業模式已發生根本變革的分析師，很可能發現市場出現價值落差的異常現象。這些分析師對公司賺進現金的持續力與規模的看法，必然不同於市場派。米勒說：「標準普爾五百打敗積極型理財經理人，並不證明也打敗了積極型的理財管理。它只是證明了多數理財經理人使用的方法有誤。」

距我初讀波克夏年報，整整二十個年頭過去了。即使現在，每當想到巴菲特以及他的投資哲學，依舊能讓我對投資世界充滿興奮與熱情。我心中完全信服這套做法可行，如果長期運用，必然能創造高於平均的長期報酬。我們只要觀察當今頂尖的理財經理人，就會發現他們全使用巴菲特投資法，儘管有時做了些調整。

雖然公司、產業、市場以及經濟不停地會演進，巴菲特投資哲學的價值歷久不衰。不論在何種情況，投資人都能以巴菲特法則選股與管理投資組合。

當巴菲特在一九五〇與六〇年代開始管理投資時，他把股票當做事業並集中管理他的組合。當他在七〇與八〇年代開始在波克夏的投資組合中加入新的經濟特許事業時，他想的依舊是股票就是事業，組合管理要集中。一九九〇年代當米勒為他的價值型基金買進科技與網路公司的股票時，他也是把股票當做事業，也是管理成分集中的股票組合。

一九五〇年代買進的公司與八〇年代的企業不同。一九六〇年代買進的公司與九〇年代的公司也已不再相同。事業改變、產業開放，市場的競爭力促成新的經濟特許事業出現，而另有些事業逐步消失。市場與公司不停地演進，投資人可以稍感安心，因為不論世事如何多變，有種投資流程屹立不搖。

在二〇〇四年波克夏的年度股東大會上，一位股東問巴菲特，現在回頭看，他會修改任何投資方法嗎？巴菲特答道：「如果我們重頭來一次，我們的做法大概差不多。我們會注意與企業和產業有關的報導，運用較少的資金，而我們的投資領域會比現在的持股寬廣得多。我會繼續學習葛拉漢精湛的投資基本原則，也會學習蒙格與費雪在尋找好的投資事業上，一些基本原則的修正。」他停了片刻，接著說：「就我看來，現在的證券分析法與五十年前的沒什麼兩樣。」

五、十、或二十年後也不會有什麼改變。市場變化、價格漲跌、經濟環境變遷，產業興衰，聰明的投資人改變日常行為配合變動的狀況。然而不變的是基本面。

信奉巴菲特投資法的人仍以同樣的守則分析股市，集中投資組合，並不理睬一時價格的起伏、下挫或受創。**他們像我一樣，相信指導巴菲特六十年的投資決定原則絕對經得起時間考驗，它是個堅實穩固的投資智慧基礎，而我們都可以在這基礎之上，建構美景。**

【附錄一】

波克夏公司主要持股及績效表現

（1977–2003 年）

1977

股數	公司	總買進成本	總市值
934,300	華盛頓郵報公司	$10,628	$33,401
1,969,953	GEICO（可轉換優先股）	19,417	33,033
592,650	聯跨公司	4,531	17,187
220,000	首都／傳播公司	10,909	13,228
1,294,308	GEICO（普通股）	4,116	10,516
324,580	凱塞鋁業及化學公司	11,218	9,981
226,900	騎士報業	7,534	8,736
170,800	奧美集團	2,762	6,960
1,305,800	凱塞產業公司	778	6,039
	小　計	$71,893	$139,801
	其餘普通股	34,996	41,992
	總　計	$106,889	$181,073

＊資料來源：波克夏公司年報

＊ $ 的平均單位居均為千美元

1978

股數	公司	總買進成本	總市值
934,000	華盛頓郵報公司	$10,628	$43,445
1,986,953	GEICO（可轉換優先股）	19,417	28,314
953,750	西弗科保險	23,867	26,467
592,650	聯跨媒體公司	4,531	19,039
1,066,934	凱塞鋁業暨化學公司	18,085	18,671
453,800	騎士報業	7,534	10,267
1,294,308	GEICO（普通股）	4,116	9,060
246,450	美國廣播公司	6,082	8,626
	小　計	$94,260	$163,889
	其餘普通股	39,506	57,040
	總　計	$133,766	$220,929

1979

股數	公司	總買進成本	總市值
5,730,114	GEICO（普通股）	$28,288	$68,045
1,868,000	華盛頓郵報公司	10,628	39,241
1,007,500	漢迪暨哈門集團	21,825	38,537
953,750	西弗科保險	23,867	35,527
711,180	聯跨媒體公司	4,531	23,736
1,211,834	凱塞鋁業暨化學公司	20,629	23,328
771,900	伍爾沃茲連鎖	15,515	19,394
328,700	通用食品	11,437	11,053
246,450	美國廣播公司	6,082	9,673
289,700	聯合出版	2,821	8,800
391,400	奧美集團	3,709	7,828
282,500	媒體大眾公司	4,545	7,345
112,545	阿美拉達赫斯公司	2,861	5,487
	小　計	$156,738	$297,994
	其餘普通股	28,675	36,686
	總　計	$185,413	$334,680

1980

股數	公司	總買進成本	總市值
7,200,000	GEICO	$47,138	$105,300
1,983,812	通用食品	62,507	59,889
2,015,000	漢迪暨哈門集團	21,825	58,435
1,250,525	西弗科保險	32,063	45,177
1,868,600	華盛頓郵報公司	10,628	42,277
464,317	美國鋁業公司	25,577	27,685
1,211,834	凱塞鋁業暨化學公司	20,629	27,569
711,180	聯跨媒體公司	4,531	22,135
667,124	伍爾沃茲連鎖	13,583	16,511
370,088	平克頓企業	12,144	16,489
475,217	克里夫蘭斷崖鋼鐵	12,942	15,894
434,550	聯合出版	2,821	12,222
245,700	雷諾茲煙草集團	8,702	11,228
391,400	奧美集團	3,709	9,981
282,500	媒體大眾公司	4,545	8,334
247,039	國家底特律企業	5,930	6,299
151,104	時代明鏡公司	4,447	6,271
881,500	全國學生行銷公司	5,128	5,895
	小　計	$298,848	$497,591
	其餘普通股	26,313	32,096
	總　計	$325,161	$529,687

1981

股數	公司	總買進成本	總市值
7,200,000	GEICO	$47,138	$199,800
1,764,824	雷諾茲煙草集團	76,668	83,127
2,101,244	通用食品	66,277	66,714
1,868,600	華盛頓郵報公司	10,628	58,160
2,015,000	漢迪暨哈門集團	21,825	36,270
785,225	西弗科保險	21,329	31,016
711,180	聯跨媒體公司	4,531	23,202
370,088	平克頓企業	12,144	19,675
703,634	美國鋁業公司	19,359	18,031
420,441	阿卡特公司	14,076	15,136
475,217	克里夫蘭斷崖鋼鐵	12,942	14,362
451,650	聯合出版	3,297	14,362
441,522	GATX 集團	17,147	13,466
391,400	奧美集團	3,709	12,329
282,500	媒體大眾公司	4,545	11,088
	小　計	$335,615	$616,490
	其餘普通股	16,131	22,739
	總　計	$351,746	$639,229

1982

股數	公司	總買進成本	總市值
7,200,000	GEICO	$47,138	$309,600
3,107,675	雷諾茲煙草集團	142,343	158,715
1,868,600	華盛頓郵報公司	10,628	103,224
2,101,244	通用食品	66,277	83,680
1,531,391	時代集團	45,273	79,824
908,800	克朗佛斯特公司	47,144	48,962
2,379,200	漢迪暨哈門集團	27,318	46,692
711,180	聯跨媒體公司	4,531	34,314
460,650	聯合出版	3,516	16,929
391,400	奧美集團	3,709	17,319
282,500	媒體大眾公司	4,545	12,289
	小 計	$402,422	$911,564
	其餘普通股	21,611	34,508
	總 計	$424,033	$945,622

1983

股數	公司	總買進成本	總市值
6,850,000	GEICO	$47,138	$398,156
5,618,661	雷諾茲煙草集團	268,918	314,334
4,451,544	通用食品	163,786	228,698
1,868,600	華盛頓郵報公司	10,628	136,875
901,788	時代集團	27,732	56,860
2,379,200	漢迪暨哈門集團	27,318	42,231
636,310	聯跨媒體公司	4,056	33,088
690,975	聯合出版	3,516	26,603
250,400	奧美集團	2,580	12,833
197,200	媒體大眾公司	3,191	11,191
	小 計	$558,863	$1,260,869
	其餘普通股	7,485	18,044
	總 計	$566,348	$1,278,913

1984

股數	公司	總買進成本	總市值
6,850,000	GEICO	$47,138	$397,300
4,047,191	通用食品	149,870	226,137
3,895,710	艾克森石油	173,401	175,307
1,868,600	華盛頓郵報公司	10,628	149,955
2,553,488	時代集團	89,237	109,162
740,400	美國廣播公司	44,416	46,738
2,379,200	漢迪與哈門集團	27,318	38,662
690,975	聯合出版	3,516	32,908
818,872	聯跨媒體公司	2,570	28,149
555,949	西北企業集團	26,581	27,242
	小　計	$573,340	$1,231,560
	其餘普通股	11,634	37,326
	總　計	$584,974	$1,268,886

1985

股數	公司	總買進成本	總市值
6,850,000	GEICO	$45,713	$595,950
1,727,765	華盛頓郵報公司	9,731	205,172
900,800	美國廣播公司	54,435	108,997
2,350,922	比特里斯食品	106,811	108,142
1,036,461	聯合出版	3,516	55,710
2,553,488	時代集團	20,385	52,669
2,379,200	漢迪暨哈門集團	27,318	43,718
	小　計	$267,909	$1,170,358
	其餘普通股	7,201	27,963
	總　計	$275,110	$1,198,321

1986

股數	公司	總買進成本	總市值
2,990,000	首都／美國廣播公司	$515,775	$801,694
6,850,000	GEICO	45,713	674,725
1,727,765	華盛頓郵報公司	9,731	269,531
2,379,200	漢迪暨哈門集團	27,318	46,989
489,300	李爾—西格勒公司	44,064	44,587
	小 計	$642,601	$1,837,526
	其餘普通股	12,763	36,507
	總 計	$655,364	$1,874,033

1987

股數	公司	總買進成本	總市值
3,000,000	首都／美國廣播公司	$517,500	$1,035,000
6,850,000	GEICO	45,713	756,925
1,727,765	華盛頓郵報公司	9,731	323,092
	總 計	$572,944	$2,115,017

1988

股數	公司	總買進成本	總市值
3,000,000	首都／美國廣播公司	$517,500	$1,086,750
6,850,000	GEICO	45,713	849,400
14,172,500	可口可樂	592,540	632,448
1,727,765	華盛頓郵報公司	9,731	364,126
2,400,000	聯邦住宅抵押借款公司	71,729	121,200
	總 計	$1,237,213	$3,053,924

1989

股數　公司	總買進成本	總市值	
23,350,000	可口可樂	$1,023,920	$1,803,787
3,000,000	首都／美國廣播公司	517,500	1,692,375
6,850,000	GEICO	45,713	1,044,625
1,727,765	華盛頓郵報公司	9,731	486,366
2,400,000	聯邦住宅抵押借款公司	71,729	161,100
	總　計	$1,668,593	$5,188,253

1990

股數	公司	總買進成本	總市值
46,700,000	可口可樂	$1,023,920	$2,171,550
3,000,000	首都／美國廣播公司	517,500	1,377,375
6,850,000	GEICO	45,713	1,110,556
1,727,765	華盛頓郵報公司	9,731	342,097
2,400,000	聯邦住宅抵押借款公司	71,729	117,000
	總　計	$1,668,593	$5,407,953

1991

股數	公司	總買進成本	總市值
46,700,000	可口可樂	$1,023,920	$3,747,675
6,850,000	GEICO	45,713	1,363,150
24,000,000	吉列公司	600,000	1,347,000
3,000,000	首都／美國廣播公司	517,500	1,300,500
2,495,200	聯邦住宅抵押借款公司	77,245	343,090
1,727,765	華盛頓郵報公司	9,731	336,050
31,247,000	健力士	264,782	296,755
5,000,000	富國銀行	289,431	290,000
	總　計	$2,828,322	$9,024,220

1992

股數	公司	總買進成本	總市值
93,400,000	可口可樂	$1,023,920	$3,911,125
34,250,000	GEICO	45,713	2,226,250
3,000,000	首都／美國廣播公司	517,500	1,523,500
24,000,000	吉列公司	600,000	1,365,000
16,196,700	聯邦住宅抵押借款公司	414,527	783,515
6,358,418	富國銀行	380,983	485,624
4,350,000	通用動力	312,438	450,769
1,727,765	華盛頓郵報公司	9,731	396,954
38,335,000	健力士	333,019	299,581
	總　計	$3,637,831	$11,442,318

1993

股數	公司	總買進成本	總市值
93,400,000	可口可樂	$1,023,920	$4,167,975
34,250,000	GEICO	45,713	1,759,594
24,000,000	吉列公司	600,000	1,431,000
2,000,000	首都／美國廣播公司	345,000	1,239,000
6,791,218	富國銀行	423,680	878,614
13,654,600	聯邦住宅抵押借款公司	307,505	681,023
1,727,765	華盛頓郵報公司	9,731	440,148
4,350,000	通用動力	94,938	401,287
38,335,000	健力士	333,019	270,822
	總　計	$3,183,506	$11,269,463

1994

股數	公司	總買進成本	總市值
93,400,000	可口可樂	$1,023,920	$5,150,000
24,000,000	吉列公司	600,000	1,797,000
20,000,000	首都／美國廣播公司	345,000	1,705,000
34,250,000	GEICO	45,713	1,678,250
6,791,218	富國銀行	423,680	984,272
27,759,941	美國運通	723,919	818,918
13,654,600	聯邦住宅抵押借款公司	270,468	644,441
1,727,765	華盛頓郵報公司	9,731	418,983
19,453,300	PNC 銀行	503,046	410,951
6,854,500	加內集團	335,216	365,002
	總　計	$4,280,693	$13,972,817

1995

股數	公司	總買進成本	總市值
49,456,900	美國運通	$1,392,700	$2,046,300
20,000,000	首都／美國廣播公司	345,000	2,467,500
100,000,000	可口可樂	1,298,900	7,425,000
12,502,500	聯邦住宅抵押借款公司	260,100	1,044,000
34,250,000	GEICO	45,700	2,393,200
48,000,000	吉列公司	6,000,000	2,502,000
6,791,218	富國銀行	423,700	1,466,900
	總　計	$4,366,100	$19,344,900

1996

股數	公司	總買進成本	總市值
49,456,900	美國運通	$1,392,700	$2,794,300
200,000,000	可口可樂	1,298,900	10,525,000
24,614,214	華德迪士尼集團	577,000	1,716,800
64,246,000	聯邦住宅抵押借款公司	333,400	1,772,800
48,000,000	吉列公司	600,000	3,732,000
30,156,600	麥當勞	1,265,300	1,368,400
1,727,765	華盛頓郵報公司	10,600	579,000
7,291,418	富國銀行	497,800	1,966,900
	總　計	$5,975,700	$24,455,200

1997

股數	公司	總買進成本	總市值
49,456,900	美國運通	$1,392,700	$4,414,000
200,000,000	可口可樂	1,298,900	13,337,500
21,563,414	華德迪士尼集團	381,200	2,134,800
63,977,600	聯邦住宅抵押借款公司	329,400	2,683,100
48,000,000	吉列公司	600,000	4,821,000
23,733,198	旅行家集團	604,400	1,278,600
1,727,765	華盛頓郵報公司	10,600	840,600
6,690,218	富國銀行	412,600	2,270,900
	總　計	$5,029,800	$31,780,500

1998

股數	公司	總買進成本	總市值
50,536,900	美國運通	$1,470,000	$5,180,000
200,000,000	可口可樂	1,299,000	13,400,000
51,202,242	華德迪士尼集團	281,000	1,536,000
60,298,000	聯邦住宅抵押借款公司	308,000	3,885,000
96,000,000	吉列公司	600,000	4,590,000
1,727,765	華盛頓郵報公司	11,000	999,000
63,595,180	富國銀行	392,000	2,540,000
	其餘普通股	2,683,000	5,135,000
	總　計	$7,044,000	$37,265,000

1999

股數	公司	總買進成本	總市值
50,536,900	美國運通	$1,470,000	$8,402,000
200,000,000	可口可樂	1,299,000	11,650,000
59,559,300	華德迪士尼集團	281,000	1,536,000
60,298,000	聯邦住宅抵押借款公司	294,000	2,803,000
96,000,000	吉列公司	600,000	3,954,000
1,727,765	華盛頓郵報公司	11,000	960,000
59,136,680	富國銀行	349,000	2,391,000
	其餘普通股	4,180,000	6,848,000
	總　計	$8,203,000	$37,008,000

2000

股數	公司	總買進成本	總市值
151,610,700	美國運通	$1,470,000	$8,329,000
200,000,000	可口可樂	1,299,000	12,188,000
96,000,000	吉列公司	600,000	3,468,000
1,727,765	華盛頓郵報公司	11,000	1,066,000
55,071,380	富國銀行	319,000	3,067,000
	其餘普通股	6,703,000	9,501,000
	總　計	$10,402,000	$37,619,000

2001

股數	公司	總買進成本	總市值
151,610,700	美國運通	$1,470,000	$5,410,000
200,000,000	可口可樂	1,299,000	9,430,000
96,000,000	吉列公司	600,000	3,206,000
15,999,200	H&R 金融服務	255,000	715,000
24,000,000	穆迪公司	499,000	957,000
1,727,765	華盛頓郵報公司	11,000	916,000
53,265,080	富國銀行	306,000	2,315,000
	其餘普通股	4,103,000	5,726,000
	總　計	$8,543,000	$28,675,000

2002

股數	公司	總買進成本	總市值
151,610,700	美國運通	$1,470,000	$5,359,000
200,000,000	可口可樂	1,299,000	8,768,000
15,999,200	H&R 金融服務	255,000	643,000
24,000,000	穆迪公司	499,000	991,000
1,727,765	華盛頓郵報公司	11,000	1,275,000
53,265,080	富國銀行	306,000	2,497,000
	其餘普通股	4,621,000	5,383,000
	總　計	$9,146,000	$28,363,000

2003

股數	公司	總買進成本	總市值
151,610,700	美國運通	$1,470,000	$7,312,000
200,000,000	可口可樂	1,299,000	10,150,000
96,000,000	吉列公司	600,000	3,526,000
14,610,900	H&R 金融服務	227,000	809,000
15,476,500	HCA 醫院控股	492,000	665,000
6,708,760	M&T 銀行集團	103,000	659,000
24,000,000	穆迪公司	499,000	1,453,000
2,338,961,000	中國石油（大陸）	488,000	1,340,000
1,727,765	華盛頓郵報公司	11,000	1,367,000
56,448,380	富國銀行	463,000	3,324,000
	其餘普通股	2,863,000	4,682,000
	總　計	$8,515,000	$35,287,000

【註 1】 若想參考更詳盡的波克夏公司年報資料，可至該公司網站：
http://www.berkshirehathaway.com/

【註 2】 英文公司名請參見下頁的對照表

【附錄二】 公司名稱中英對照表

聯合出版	**A** ffiliated Publications
美國廣播公司	American Broadcasting Companies
阿美拉達赫斯公司	Amerada Hess
阿卡他公司	Arcata Corporation
美國運通	American Express Company
比特里斯食品	**B** eatrice Companies, Inc.
首都傳播公司	**C** apital Cities Communications, Inc.
首都／美國廣播公司	Capital Cities/ABC, Inc.
克里夫蘭斷崖鋼鐵	Cleveland-Cliffs Iron Company
可口可樂	The Coca-Cola Company
克朗佛斯特公司	Crum & Forster
艾克森石油	**E** xxon Corporation
聯邦住宅抵押借款公司	**F** ederal Home Loan Mortgage Corp.
伍爾沃茲連鎖	F.W. Woolworth Company
GATX 集團	**G** ATX Corporation
加內集團	Gannett Co., Inc.
通用食品	General Foods
通用動力	General Dynamics
吉列公司	The Gillette Company
GEICO（政府員工保險公司）	Government Employees Insurance Company
健力士	Guinness plc
漢迪暨哈門集團	**H** andy & Harman
HCA 醫院控股	HCA Inc.
H & R 金融服務	H & R Block, Inc.

聯跨公司	Interpublic Group of Companies
凱塞鋁業暨化學工業	Kaiser Aluminum and Chemical Corp.
凱塞產業公司	Kaiser Industries, Inc.
騎士報業	Knight-Ridder Newspapers
李爾西格勒公司	Lear Siegler, Inc.
媒體大眾公司	Media General, Inc.
穆迪公司	Moody's Corporation
M & T 銀行集團	M & T Bank Corporation
國家底特律企業	National Detroit Corporation
全國學生行銷公司	National Student Marketing
西北企業公司	Northwest Industries
奧美集團	Ogilvy & Mather International
中國石油（大陸）	PetroChina Company Limited
平克頓企業	Pinkerton's Inc.
PNC 銀行	PNC Bank Corporation
雷諾茲煙草集團	R. J. Reynolds Industries
西弗科保險	SAFECO Corporation
時代集團	Time, Inc.
時代明鏡公司	The Times mirror Company
華德迪士尼集團	The Walt Disney Copmany
華盛頓郵報公司	The Washington Post Company
富國銀行	Wells Fargo & Company

國家圖書館出版品預行編目（CIP）資料

巴菲特勝券在握的12個原則 / 羅伯特．海格斯壯（Robert G. Hagstrom）著；樂為良譯. -- 三版. -- 臺北市：遠流, 2019.04
面；　公分
譯自：The Warren Buffett Way, 2nd Edition.
ISBN 978-957-32-8491-8（平裝）

1.巴菲特（Buffett, Warren）　2.投資　3.傳記

563.5　　108003348

實戰智慧館 465

巴菲特勝券在握的 12 個原則

作　者──羅伯特．海格斯壯（Robert G. Hagstrom）
譯　者──樂為良

責任編輯──陳嬿守
副 主 編──陳懿文
封面設計──賴維明
行銷企劃──鍾曼靈、盧珮如
出版一部總編輯暨總監──王明雪

發 行 人──王榮文
出版發行──遠流出版事業股份有限公司
104005 台北市中山北路一段 11 號 13 樓
郵撥：0189456-1　電話：(02)2571-0297　傳真：(02)2571-0197
著作權顧問──蕭雄淋律師

2006 年 1 月 1 日　初版一刷
2023 年 5 月 25 日　三版二刷
定價──新台幣 380 元（缺頁或破損的書，請寄回更換）

ISBN 978--957-32-8491-8

遠流博識網　http://www.ylib.com
E-mail:ylib@ylib.com
遠流粉絲團　https://www.facebook.com/ylibfans